100

COURS
DE CALLIGRAPHIE

EN FRANÇAIS, RONDE ET GOTHIQUE,

Et toutes les langues connues en Europe;

Mélanges historiques et littéraires, Poésies, Fragments de Musique religieuse et profane, etc.,

ORNÉ DE PLUSIEURS PORTRAITS;

PAR M. SADKOWSKI DE DOLIVA,

Officier polonais, Chevalier de la Croix-Militaire-d'Or.

TOULOUSE,

IMPRIMERIE D'AUGUSTE DE LABOUISSE-ROCHEFORT, HOTEL CASTELLANE.

Jeunes Gens et jeunes filles ayez la patience et toujours bonne Espérance.
Dieu n'oublie pas la Vertu.

COURS DE CALLIGRAPHIE

En Français

Ronde .... Gothique
Anglais .... Français
Espagnol .... Français
Italien .... Français
Polonais .... Français
Grec .... Français
Allemand .... Français
Russe .... Français

Enrichi de plusieurs beaux tableaux et suivi de plusieurs autres pièces tant en prose qu'en vers
par Sadkowski de Doliva françois off.. Polonais, chevalier de la croix militaire d'or.

1846

Mlle Plater

A mes Souscripteurs.

MESSIEURS,

Ma position de réfugié polonais me commandait de ne pas rester stationnaire en France, en dépensant dans l'oisiveté les subsides militaires que le Gouvernement m'accorde.

Pour améliorer la position de l'exil et me rendre utile à la société dans la patrie adoptive qui m'a attiré dans son sein, autant par sa généreuse assistance que par mes sympathies, j'ai composé un ouvrage intitulé : *Cours de Calligraphie*, lequel contiendra divers opuscules en vers et en prose, et des gravures faites avec soin.

Grâce à la paternelle protection de Mgr BERTRAND LAURENCE, Evêque de Tarbes, ce volume s'imprime. Son extrême bienveillance s'est signalée en me servant de toutes les manières. Il a protégé mon entreprise, il a fortifié mon courage et ma patience, et c'est sous ses honorables auspices que j'ai pu le terminer.

L'ouvrage doit sortir bientôt des presses de M. de *Labouïsse-Rochefort ;* il est entre ses mains, et MM. *Barthès* et *Lagrange*, graveurs lithographes, l'enrichissent de toute l'élégance, et de toute la perfection de leur habile burin.

Mais je sens le besoin d'exprimer ma reconnaissance à tous ceux qui ont daigné m'accorder leur concours et leur appui. — Je l'avais espéré, et je n'ai pas été trompé dans mon attente; je savais que le Français a le cœur bon, sensible, généreux ; qu'il saurait apprécier les louables motifs qui m'ont fait entreprendre cette publication, et je viens, dans ces trop faibles lignes, leur offrir les tendres sentiments de gratitude que leur bonté m'inspire.

J'ai l'honneur d'être, avec un très-profond respect,

Messieurs,

Votre très-humble serviteur,

SADKOWSKI DE DOLIVA,

Officier polonais.

Toulouse, le 1er janvier 1846.

A Monseigneur l'Evêque de Tarbes.

MONSEIGNEUR,

Je ne sais comment vous exprimer ma reconnaissance, pour les lettres pleines de bonté et de bienveillance dont vous m'avez honoré. — Je serai heureux de pouvoir vous prouver sous peu combien je cherche à me rendre digne de vos bienfaits, par mon activité et ma persévérance dans le travail que m'impose la publication, pour les succès de laquelle vous voulez bien me seconder.

Mais ma reconnaissance n'égalera jamais la bienveillance que vous avez témoignée en m'accordant votre protection, quand je commençai mon travail. Bien plus, vous avez assuré une partie de l'impression de mon ouvrage, et enfin vous avez pris sur vous la responsabilité des travaux du lithographe et de l'imprimeur, en ce qui concerne mes cinq cents premiers exemplaires, sur lesquels les souscripteurs, dont les signatures sont déposées chez vous, seront pourvus, et sur la recette desquels vous serez dégagé de votre responsabilité.

Monseigneur, vous avez fait plus pour moi qu'aucune personne pût faire en France; je doute même si dans tout l'Univers un homme aurait témoigné tant de bienveillance à un malheureux exilé comme moi.

Je n'attends plus, Monseigneur, que le moment où il me sera permis de vous présenter, en personne, le résultat de mes travaux, et de vous dire combien sont puissants dans mon cœur les sentiments de reconnaissance et de respect que j'éprouverai toujours pour votre Grandeur, et surtout combien je tiens à honneur de justifier la bonne opinion que vous avez eue de moi, en pensant que j'emploierai les moyens que vous m'accordez à améliorer ma position, et nullement, comme d'autres auraient pu le faire, à dissiper le produit de mon industrie en des dépenses futiles.

Veuillez donc recevoir, Monseigneur, l'assurance de mon respectueux dévouement et de ma reconnaissance la plus sincère.

SADKOWSKI DE DOLIVA (FRANÇOIS).

Toulouse, le 16 octobre 1845.

ÉPITRE DÉDICATOIRE

AUX CITOYENS FRANÇAIS.

L'auteur de cet opuscule, après avoir vu tomber sa trop malheureuse patrie, errait seul, sans parents, sans amis, dans la terre étrangère. Nul n'avait compassion de sa misère. Un jour même on l'a saisi, et, comme un vil malfaiteur, on l'a jeté dans un infect cachot!

Beaucoup de mes compatriotes ont partagé mon malheureux sort. Comme moi, long-temps ils ont gémi dans les prisons des nations qui se sont partagées notre Pologne. Bientôt même on s'est lassé de nous donner un peu de pain noir pour chaque jour, on nous a chassés vers des pays lointains. Mais hélas! combien d'entre nous avaient déjà succombé, ou dans les fers, ou relégués au fond des déserts de la Sybérie. Et pourtant, qu'avions-nous fait à nos perfides voisins pour nous traiter avec tant d'inhumanité? Vous avez lu notre histoire. Eh bien! nous trouvâtes-vous jamais infidèles, parjures? nous vit-on jamais convoiter leurs vastes possessions et leur susciter une guerre injuste? Toujours nous combatîmes avec loyauté et pour la justice. Pour elle, nous avons bien des fois prêté le secours de nos bras aux nations nos voisines. Et aujourd'hui elles nous ont fait un crime de prendre les armes pour reconquérir une liberté sans laquelle on ne vit pas; et quand la fortune leur a été favorable, elles nous ont dépouillés même de notre nationalité. Un jour, on a déchiré en lambeaux notre malheureuse Pologne, et on se l'est partagée, comme autrefois on se partagea la robe ensanglantée de l'Homme-Dieu. Ah! le juif expie tous les jours son déicide. Encore aujourd'hui, il porte ses pas jusque dans les points les plus reculés du globe, et jamais il n'est chez lui. Le tour de nos tyrans viendra !

Napoléon nous maltraita dans la guerre de 1812. La main de la Providence ne fut pas longtemps sans s'appesantir sur lui. « Je suis tombé (dit-il lorsque la fortune contraire l'eut jeté sur l'aride et solitaire rocher de Sainte-Hélène), je suis tombé, parce que je n'ai pas rendu à la Pologne ses limites naturelles ! »

Mais comment, me dira-t-on peut-être, la Pologne, si morale, si religieuse, a-t-elle pu voir ses jours de gloire disparaître et devenir tributaire de l'étranger? — Rome ne fut-elle pas la reine de l'Univers ; et elle n'est plus ! Qui jamais eut plus d'esprit qu'Athènes, plus de vigueur que Lacédémone ; et Athènes et Lacédémone ont passé ! Et maintenant, voulez-vous savoir pourquoi notre Pologne est tombée ? C'est les larmes aux yeux que je vais vous le révéler. La division s'est mise parmi nous. Chacun a voulu se choisir un roi à sa façon, un ministre, un général. On a même été jusqu'à acheter les suffrages à prix d'argent. Chacun n'a vu que soi dans les élections, et au jour où parmi nous l'intérêt particulier l'a emporté sur l'intérêt général, la Pologne a été perdue. Lycurgue disait aux Spartiates : Voulez-vous être toujours libres, forts et respectés, aimez par-dessus tout votre patrie, et soyez toujours pauvres. — Grand homme, que ne l'avons-nous cru !

Citoyens Français, tant que Dieu sera Dieu, jamais nous n'oublierons les liens qui ont toujours uni la Pologne à la France. Dans notre dernière guerre, vous ne nous avez pas, il est vrai, prêté le secours de vos armes ; vous ne le pouviez peut-être pas. Mais du moins vos sympathies et les vœux de vos cœurs ne nous manquèrent-ils jamais ! Et quand la Providence, prenant en pitié notre misère profonde, a fait ouvrir les portes de nos prisons et nous a conduits jusqu'à vos frontières, n'avons-nous pas trouvé dans la terre bénie de France une généreuse et loyale hospitalité ? Vous nous avez tendu une main secourable, et vous nous avez donné pour chaque jour un peu de pain avec l'air de la liberté à respirer.

Merci, peuple Français ! merci !

Merci à vous, Messieurs les Souscripteurs à mon ouvrage.

Merci à vous surtout, Monseigneur Bertrand Laurence, évêque de Tarbes, mon premier et toujours mon bienfaiteur en France ; à vous, MM. Bart, préfet du département des Hautes-Pyrénées ; Simon Larière, général commandant le département des Hautes-Pyrénées ; Ferré, maire de la ville de Tarbes ; Gubinal, procureur du roi de la ville de Tarbes ; De Crèvecœur, propriétaire, à Tarbes ; Croizier, évêque de Rodez ; De Saint-Marsant, préfet du département du Gers ; baron Duffoure d'Antiste, général commandant le département du Gers ; le lieutenant-général marquis De Castelbajac ; Ballon, général commandant le département de Tarn-et-Garonne. Vous êtes haut placés, et vous n'avez pas dédaigné de vous abaisser jusqu'à un pauvre exilé qui passait dans la rue. Vous lui avez prodigué des consolations, des encouragements. Recevez aujourd'hui l'expression publique de mon éternelle et bien sincère reconnaissance. Permettez que je vous dédie ce faible opuscule. Puisse-t-il atteindre le but que je me suis proposé en le rédigeant : l'utilité de mes lecteurs ! Puisse-t-il aussi rallumer et entretenir dans tous les cœurs français l'amour de notre Pologne, la sœur bien-aimée de la France !

Dieu tout puissant, bénis et protége le peuple Français ; conserve-lui à jamais sa grandeur et son indépendance ; mais surtout fais qu'il comprenne et qu'il sache que la Pologne entière, captive ou exilée, a ses regards tournés vers lui, et que de lui seul elle attend son bonheur et sa liberté !

Votre très-humble et très-obéissant serviteur.

SADKOWSKI DE DOLIVA (François).

INFLUENCE DE L'ÉDUCATION PREMIÈRE,

SOIT SUR LE BONHEUR DES INDIVIDUS, SOIT SUR CELUI DES SOCIÉTÉS.

L'homme, en venant au monde, est nu et muet, mais il est destiné de nature à vivre en société avec les hommes.

Cependant, cette société sera plus ou moins honorable, selon que la vie des hommes le sera elle-même plus ou moins; et la noblesse de cette vie est la conséquence des principes et de l'éducation donnés aux enfants, et ces enfants seront d'autant plus heureux pendant leur vie, que leur éducation aura été plus soignée.

Ainsi donc, tous les jeunes gens, toutes les jeunes filles, doivent porter le plus grand soin à l'étude de toutes les sciences.

Nul ne peut connaître sa destinée, nous en avons les exemples tous récents.

Napoléon naquit d'une famille assez distinguée, il est vrai, mais qui était loin de lui promettre la grandeur à laquelle il s'éleva. Qu'est-ce qui le fit monter sur le trône? qu'est-ce qui le rendit grand? C'est son talent développé par les principes et l'éducation qu'il reçut.

Voyez encore Mlle la comtesse Plater: Cette héroïne prit les armes avec nous, le 29 novembre 1830, alors que nous allions combattre pour nos lois sacrées et contre les tyrans qui nous opprimaient. A l'âge de 25 ans, elle s'était déjà fait un nom glorieux et à jamais célèbre. Devenue général, elle mourut de la mort des braves, couverte d'honorables blessures. Qui donc avait excité son courage et ennobli sa grande âme? L'exemple des amazones. Leur souvenir existe à peine. Les solides leçons qu'elle avait reçues dans son enfance, son éducation première, voilà ce qui l'a faite ce qu'elle est devenue.

Permettez-moi de vous raconter encore ici une

histoire ; elle me paraît intéressante. — Sous le règne de Frédéric-le-Grand, un nombre considérable de Grecs émigrés arriva à Berlin. Nul n'avait pitié de leur misère. Une digne veuve, seule, leur donna une généreuse hospitalité ; Fripart était son nom. Née dans l'opulence, elle se vit plongée dans la misère par les revers de la fortune. Les malheurs ne firent que donner un plus vif éclat à sa vertu. Forcée, pour subsister, de fonder une hôtellerie, elle vivait là avec deux fils et deux filles qu'elle avait eus de son mariage. Sa porte fut toujours ouverte aux malheureux exilés.

Ceux qu'elle ne pouvait recevoir chez elle étaient obligés de coucher dans la rue, et n'avaient rien pour apaiser leur faim. La conduite charitable de cette veuve parvint aux oreilles du roi ; il voulut s'assurer lui-même de la vérité de ces faits. Il partit de nuit, avec un habit grec, et accompagné seulement de son ministre : il va frappant d'auberge en auberge, et demandant l'hospitalité ; il est partout repoussé. Il arrive enfin chez la veuve. Il frappe ; il entend une voix qui lui demande qui il est : — Je suis, répond Frédéric, un malheureux exilé ; j'ai recours à votre charité. — Attendez, reprend la veuve, je me lève. Entrez tous les deux, dit-elle après avoir ouvert sa porte, je vous donnerai tout ce que j'ai ; ils prirent un peu de la nourriture qu'elle leur apporta.

Passerez-vous la nuit dans mon hôtellerie, leur demanda la veuve ? — Nous sommes logés ailleurs, lui répliqua Frédéric ; mais donnez-moi un peu de papier. Frédéric prend alors un crayon, et lui fait un billet de 60,000 francs, qu'il signa lui-même ; puis il se retira. La veuve ne fit pas d'abord attention à ce que l'inconnu avait écrit ; mais le lendemain, curieuse de connaître le contenu de ce billet, elle le lut.

Saisie d'étonnement, elle le prend et se rend à la ville, où elle reçoit la somme que portait ce billet. A cette nouvelle, les aubergistes qui avaient, la veille, refusé d'ouvrir leur porte à l'inconnu, se rendirent chez la veuve, pleins de surprise d'un tel événement, et se reprochant à eux-mêmes de n'avoir point voulu recevoir l'étranger.

Frédéric plaça les deux fils de la veuve dans une école militaire. L'un devint général, l'autre référendaire.

Mme Fripard, de son côté, fit donner à ses filles une bonne éducation, et une d'elles épousa un général, la seconde un colonel.

Nous voyons par là que Dieu ne laisse jamais la vertu sans récompense.

IMPORTANCE

DE L'ÉTUDE

Des Langues étrangères et de l'étude de la Calligraphie.

L'homme se distingue des animaux par la raison et par le don de la parole. Par la première de ces facultés, il acquiert des connaissances; au moyen de la seconde, il les transmet à l'extérieur.

Nous pouvons transmettre nos pensées de deux manières : par la parole et par l'écriture. Il est un troisième moyen tout spécial pour les sourds-muets. Toutefois, les sourds-muets se servent aussi de l'écriture. J'ai connu à Marseille un jeune homme, sourd-muet de naissance, qui écrivait parfaitement, soit la langue française, soit la langue anglaise. Il est premier-commis chez M. Fuget.

Le monde est composé de terre ferme et d'eau. La terre ferme est divisée dans ses parties par des mers, des fleuves, des rivières. Elle se compose de l'Europe, l'Asie, l'Afrique, l'Amérique, la Nouvelle-Hollande et de beaucoup d'îles. Chacune de ses parties se divise encore en empires, royaumes et principautés. Chacun de ces empires, de ces royaumes, de ces principautés même, a un langage propre, son idiome à part.

D'un autre côté, aucun peuple ne trouve dans les limites de son territoire tout ce qui lui est nécessaire. De là, la nécessité de se mettre en rapport avec les autres peuples; de là, la nécessité de savoir parler leur langue et de savoir l'écrire.

Cette nécessité est surtout urgente pour les empereurs, les rois, les ministres, les banquiers, les marchands.

L'étude des langues étrangères est donc nécessaire. Il est surtout important de les savoir écrire.

Souvent un marchand aura demandé tel ou tel article, et, pour toute réponse, il recevra autre chose que ce qu'il avait demandé. Cela vient de ce qu'il s'était mal expliqué dans sa lettre de demande. — J'ai connu bien des gens qui devaient faire écrire par autrui, même les lettres les plus confidentielles et les plus cordiales. Comme cela doit être cruel!

Quelqu'un reçoit une lettre bien peinte : voyez comme il est content, comme il sourit; est-elle, au contraire, mal peinte, il fronce le sourcil et tempête.

Mademoiselle a reçu une lettre bien soignée, de son amie : elle s'épanouit de plaisir ; vite, vite, elle court la faire voir. La lettre n'est-elle pas bien peinte, elle vous dira bien peut-être qu'elle l'a reçue; mais elle aura grand soin au moins de la cacher.

POURQUOI PEINT-ON SI MAL

APRÈS MÊME QU'ON A FINI SON ÉDUCATION.

Quelles sont les causes pour lesquelles les jeunes gens écrivent si mal après avoir reçu des leçons pendant fort long-temps? J'en assignerai deux principales : l'avarice des parents et des maîtres, et leur faiblesse à l'égard de leurs enfants.

Les parents veulent des maîtres à bas prix. Ils en trouveront peut-être ; mais ces maîtres, à qui l'on donne à peine quelques oboles, ont pourtant besoin de s'entretenir, et souvent d'entretenir une famille. Ainsi, qu'arrivera-t-il? Ils se chargeront d'un très-grand nombre d'élèves, et alors impossible qu'ils les soignent comme ils le devraient. Voulez-vous que vos enfants fassent des progrès rapides? Ayez un maître chez vous qui n'ait d'autre occupation que l'éducation de votre famille.

Ce n'est pas tout. Les enfants s'ennuient de suite de faire de grosses lettres ; ils prient le maître de leur donner du plus difficile. Le maître, plutôt que de les fâcher et de crainte de les perdre, condescend à leur désir. Les enfants, tout fiers de leur travail, courent aussitôt le présenter à leurs parents, et le père d'applaudir, et la mère de les embrasser. Le lendemain, long récit sera fait au précepteur de la satisfaction des parents : il ne faut plus que du fin, du très-fin. Le maître, trop facile, leur accorde encore leur demande. Aussi ces jeunes gens auront une écriture qu'eux-mêmes ne pourront lire qu'avec peine. Jugez donc des autres!

Combien de tels maîtres rendent de mauvais services à leurs élèves, et qu'ils sont peu dignes du paiement qu'on leur donne, quelque modique qu'il soit. Ils le mériteraient mieux, s'ils disaient franchement aux parents, trompés par leur supercherie, qu'ils ne peuvent pas se charger de leurs enfants.

Les jeunes gens perdent un temps bien plus précieux que l'or que l'on veut épargner. On peut de nouveau se procurer de l'or de maintes manières. Le temps passé ne reviendra jamais.

D'ailleurs, les parents n'épargnent rien à tout cela. Les petites sommes qu'ils paient, ils devront les payer trois, quatre, cinq ans consécutifs peut-être, et au bout de cela, l'éducation de leurs enfants sera encore gâtée, tandis qu'ils auraient fait des progrès réels, s'ils les avaient confiés seulement un an à un maître capable, et qu'ils auraient dû payer un peu plus.

RÈGLES GÉNÉRALES

Pour écrire correctement et lisiblement.

1° Vous avez ici des transparents selon l'ordre d'écriture; pour chaque transparent vous avez des modèles ; vous avez des modèles de ronde et de gothique. Vous avez ici les modèles des plumes grosse écriture, moyenne et menue, pour ordinaire, ronde et gothique. Vous voyez comment cette main ici tient la plume; tâchez donc, Messieurs, de l'imiter et de bien exécuter.

2° Il faut faire attention que les lettres ne surpassent pas les lignes.

3° Il faut que les lettres soient régulières, c'est-à-dire qu'une lettre doit être peinte plus grosse dans certains cas, et dans d'autres plus fine, comme dans les modèles.

4° Il faut que les lettres et les mots soient placés dans une égale distance les uns des autres ; car, si on veut bien peindre, ce n'est pas assez que les lettres soient bien formées ; mais il faut qu'elles soient égales et droites. Donc, si une lettre est plus grande que l'autre, si un mot n'est pas placé dans la même distance qu'un autre, l'écriture n'a aucune grâce ni valeur.

5° Celui qui veut à l'avenir avoir une jolie écriture et bien lisible, il faut qu'il commence à s'habituer à écrire dans deux lignes, comme on voit sur les modèles; et quand il écrira bien dans deux lignes, il commencera sur une ligne, et après tout à fait sans ligne.

6° Si vous voulez avoir une écriture jolie et lisible, n'écrivez pas de petits caractères en commençant, autrement vous n'écrirez jamais bien, et par la suite vous ne pourrez pas déchiffrer vous-même ce que vous avez écrit.

7° Il faut faire en sorte que tous vos cahiers soient bien proprement tenus, et s'il vous arrive de les tacher ou de mal écrire, il vaut mieux arracher la feuille; car l'ordre, la propreté et l'exactitude dans vos devoirs, exerceront une heureuse influence sur toutes les actions de votre vie. Et quand on s'habitue à quelque chose dans sa jeunesse, on gardé cela jusqu'à ses vieux jours; car l'habitude est une seconde nature.

8° Toutes les langues connues sur la terre sont les langues usitées par les hommes; et comme entre les langues il y a de la rossemblance, la même chose existe dans les lettres; mais quant aux règles d'écriture, elles sont toutes les mêmes.

9° Dans les modèles que vous avez ici, chaque lettre d'une langue étrangère a, au-dessus d'elle, une marque indiquant comme elle doit être prononcée; celle qui n'a rien se prononce comme dans la langue française.

10° Dans les langues grecque, allemande et russe seulement, dont vous voyez ici les modèles, les lettres sont différentes. Sur chaque lettre, il y a une lettre française et la manière de la prononcer.

Transparent pour les 1.er et 6.e ordres d'Écriture. 1

Transparent pour les 2.3.4.5. ordres d'Écriture. 2

Transparent pour le 7e ordre d'Écriture.

Transparent pour le 8e ordre d'Écriture. 4

Pour le 9 ordre d'Écriture

Pour le 10e ordre d'Écriture.

Pour le 11 ordre d'Écriture.

Pour le 12.e ordre d'Écriture

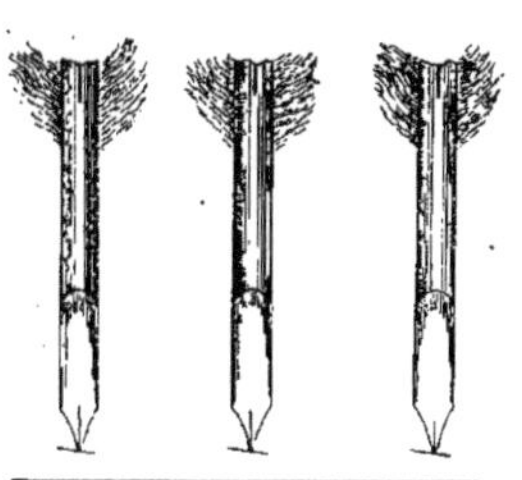

Ronde et Gothique

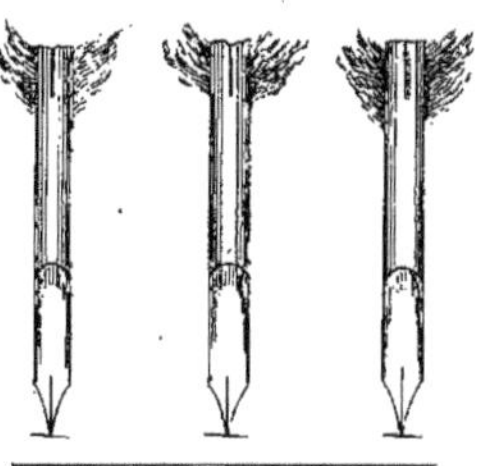

Naturelles.

POSITION DU CORPS
de la Jeune Amélie.

PRÉCEPTES & EXEMPLES

DE

Calligraphie

1°

Arabes 1 2 3 4 5 6 7 8 9 0

Romains I II III IV V VI VII VIII IX X

L C D M

50, 100, 500, 1000.

Amer, Bénir, Croire, Dire
Eviter, Former, Guérir, Heurter, Imiter,
Jurer, Kevel, Louer, Mener, Nouer &c.
Orner, Prouver, Quitter, Rire, Savoir &c.
Tirer, Unir, Venir, Xylaloé, Yeuse, Zéro &c.

A. B. C. D. E. F. G. H.

I. J. K. L. M. N. O. P. Q. R. S.

T. U. V. X. Y. Z. &.

1 2 3 4 5 6 7 8 9 10.

abcdefffghijklmnopqrstu

vxyz &c

couronnement romain

moment
rarement

Le traître et le lâche sont également odieux ; on craint l'un et l'on méprise l'autre. Le vice est odieux.

Nous naissons dans les pleurs, nous —
vivons dans les plaintes et nous mourons —
dans les regrets. Une belle pensée exprimée —
plait dans tous les temps. &

1, 2, 3, 4, 5, 6, 7, 8, 9

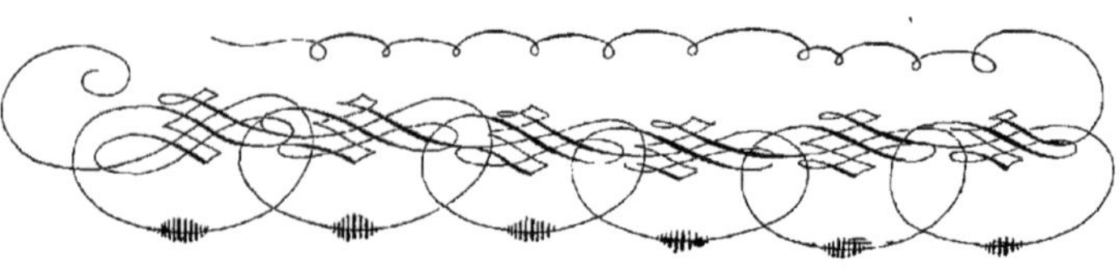

Confucius, en parlant des hommes, a dit: j'en ai vu qui étaient peu propres aux sciences, mais je n'en ai point vu qui fussent incapables de vertus. &c.

1 2 3 4 5 6 7 8 9 10.

Les flatteurs trouvent leur compte avec les grands,
comme les médecins auprès des malades imaginaires :
ceux-ci paient pour les maux qu'ils n'ont pas ceux
là achètent des vertus qu'ils devraient avoir &c.

1, 2, 3, 4, 5, 6, 7, 8, 9, 0.

La langue latine ne fut perfectionnée qu'à l'époque
où florissait Antoine et Crassus, que nous avons vus jouer
un grand rôle dans les dialogues de Cicéron sur l'Orateur.
La nature s'est &c.

A, B, C, D, E, F, G, H, I, J, K,
L, M, N, O, P, Q, R, S, T,
U, V, X, Y, Z.

Ce qui me révolte, c'est de voir les riches s'enorgueillir de leurs richesses, comme si un lit d'or soulageait un malade, et qu'une fortune brillante rendît un sort plus estimable. Le plaisir le plus estimable est celui qu'on partage avec un bon ami.

1. 2. 3. 4. 5. 6. 7. 8. 9. 10 &c.

Ronde
abcdefghijklmnop
qrstuvxyz.

A B C D E F G H I J K
L M N O P Q R S T U
V W X Y Z

Gothique

A B C D E F G H I K L M N

abcdefghiklmnopqrstuvwxyz

O P Q R S T U V W X Y Z

1 2 3 4 5 6 7 8 9 0.

a b c d e f g h i j k l m n o p q r s t u v w x y z

A B C D E F G H I

K L M N O P Q R

S T U V W X Y Z

Polonais Français

Aa Bb Cc (tch) Dd Ee Ff Gg (gué) Hh (ha)

Ii Kk Ll Mm Nn Oo Pp

Qq (cou) Rr Ss Tt Uu (ou) Vv Ww (vou)

Xx Yy Zz (zedd) Żż (je) Ąą (on) Ęę (in) Łł (l)

Sz (ch) Ch (ha dur) Cz (tch)

Italien Français

Aa Bb Cc Dd Ee Ff Gg Hh
bé bi — tch — dé di — dge — dgé — ha

Ii Ll Mm Nn Oo Pp Qq
pé pi — qou

Rr Ss Tt Uu Vv Xx Yy Zz
ou — vou

Anglais Français

A a	*B b*	*C c*	*D d*	*E e*	*F f*	*G g*
é	*bi*	*ci*	*di*	*i*	*eff*	*dgi*
H h	*I i*	*J j*	*K k*	*L l*	*M m*	*N n*
etche	*ai*	*dgé*	*ké*	*ell*	*emm*	*enn*
O o	*P p*	*Q q*	*R r*	*S s*	*T t*	*U u*
o	*pi*	*kiou*	*arr*	*ess*	*ti*	*iou*
V v	*W w*	*X x*	*Y y*	*Z z*		
vi	*doublliou*	*ex*	*ouaï*	*zedd*		

Espagnol Français

Aa	Bb	Cc	Dd	Ee	Ff	Gg	Hh
	bé	tch	dé	é	effé	gué	atché

Ii	Ll	Mm	Nn	Oo	Pp	Qq	Rr	Ss
	elle	emme	enne	o	pé	cou	erré	essé

Tt	Uu	Vv	Xx	Yy	Zz.
té	ou	vou	ekiss		

ALLEMAND FRANÇAIS.

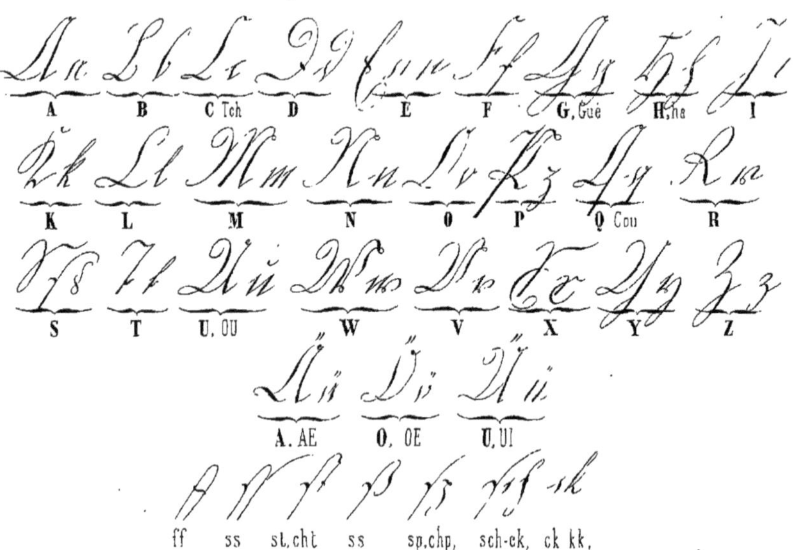

GREC-FRANÇAIS.

Α α	Β β ϐ	Γ γ ς	Δ δ	Ε ε	Ζ ζ	Η η	Θ θ ϑ
A,-Alpha	B,-Bête	G,-Gamma	D,-Delta	E,-Epsilon	Z,-Ds, Zeta Dzièta	E,-Long èta	TH,-Thèta

Ι ι	Κ κ	Λ λ	Μ μ	Ν ν	Ξ	Ο ο	Π π ϖ
I, Iota	Kc,-Cappa	L,-Lambda	M,-Mu	N,-Nu	X-(cs,gs)Xi.	E,-bref-omicron	P,-Pi

Ρ ρ ϱ	Σ ς σ ς	Τ τ t	Υ υ	Φ φ	Χ χ	Ψ ψ	Ω ω
R,-Rh,-Rho	S,-Sigma.	T,-Tau	U,-Upsilon	Phf,-phi	Ch,-chi	Ps,-Psi.	O, long, oméga

RUSSE-FRANÇAIS.

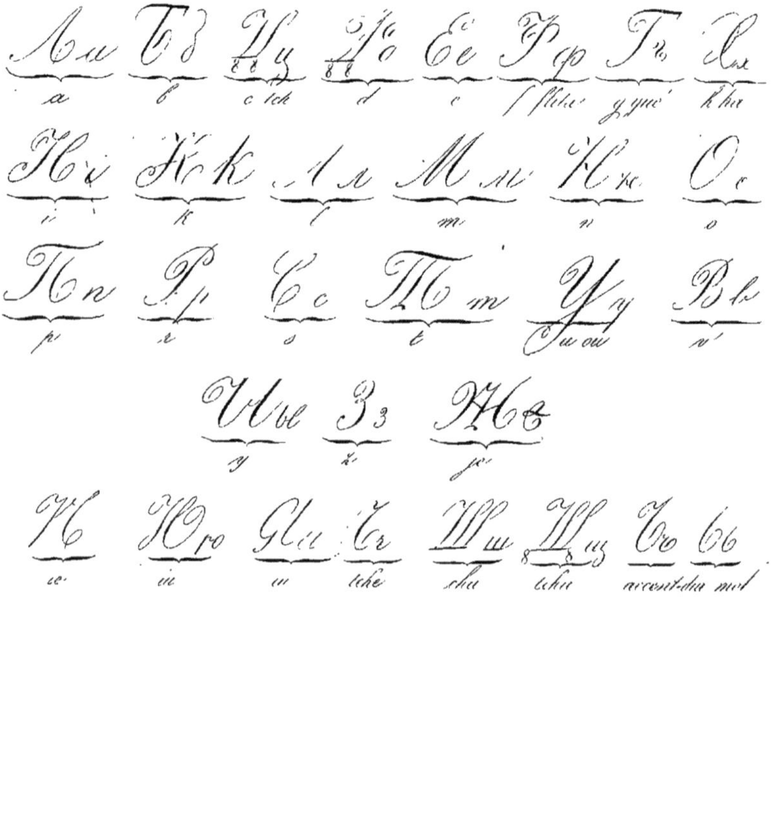

Аа Бб Цц Дд Ее Фф Гг Хх

a b c tch d e f fthe gué kha

Іі Кк Лл Мм Нн Оо

i k l m n o

Пп Рр Сс Тт Уу Вв

p r s t u ou v

Ыы Зз Жж

y z je

Ѣ Юю Яя Чч Шш Щщ Ъъ Ьь

ie iu ia tche cha tcha accent-du mot

SADKOWSKI DE DOLIVA FRANÇOIS

Jeunes gens et jeunes filles soyez diligents, étudiez bien, écrivez correctement et avec régularité.
Soyez vertueux alors tout le monde vous aimera et vous serez heureux durant toute votre vie.

VOYAGES.

De nos jours, chacun raconte ses aventures. Pour si peu d'intérêt qu'on leur suppose, on en veut faire part au public. Je sens combien cette manie est vaniteuse, et pourtant je ne puis résister au besoin de dire, moi aussi, ma vie et mes malheurs. Le lecteur me le pardonnera. L'exilé ne vit que de souvenirs et d'épanchements.

Je suis né de parents honorables et vertueux. Mon père était colonel. Il me fit donner, dans les meilleures écoles de mon pays, une éducation assez soignée. Aussi, à l'âge de 24 ans, me vis-je en état d'occuper un poste important et lucratif. Je pouvais me promettre des jours calmes et heureux, une vie paisible et douce!

La Providence en a ordonné autrement. Moi, je ne me repends pas d'avoir fait ce que j'ai fait. Quand la conscience dit : C'est bien, une âme noble sait mourir plutôt que de se plaindre de son sort.

La Pologne entière s'était levée; elle allait, les armes à la main, revendiquer son indépendance et sa liberté, combattre ses oppresseurs et ses tyrans. Des premiers, je me rendis à son appel ; je vins aussi lui offrir le faible secours de mon bras. Je ne dirai pas les prodiges de valeur que firent nos braves guerriers : l'Europe entière les connaît tout aussi bien que moi.

A la bataille de Grochow, j'étais à côté de mon jeune frère. Pauvre enfant ! il me prend la main, me la serre avec amour : « Frère, me dit-il, notre Pologne sera libre, ou nous mourrons ici tous deux. » Hélas ! il n'est plus, lui, et moi je suis en exil. Je l'ai vu, ce frère bien-aimé, baigné dans son sang, expirer à mes côtés sur le champ de bataille! Je ne compris pas d'abord toute la grandeur de ma perte. Hors de moi-même, et sans savoir où je vais, je me précipite au milieu des rangs ennemis. Je cours venger mon malheureux frère, et puis mourir à ses côtés. Bientôt je tombai sur le champ de bataille. Mon Dieu! que je sus mauvais gré à celui qui vint me rendre à la vie et panser mes blessures. Revenu de mon délire, je demandais à chacun mon malheureux frère, et toi, cher Larich, tu n'étais plus de cette terre. Il y avait au ciel un martyr de plus!

La victoire nous était restée, mais elle équivalait à une défaite. Cinquante mille des nôtres gisaient sur le champ de bataille, et nos ennemis, déconcertés, allaient nous retomber dessus avec des forces encore plus formidables; il fallut donc céder au nombre. Notre armée fut dissoute, et chacun de nous se retira dans ses foyers.

Mais notre séjour au sein de la Pologne faisait ombrage aux gouvernements nos vainqueurs. Des édits de proscription et de bannissement furent lancés contre chacun de ceux qui avaient porté les armes pour la défense de sa patrie. Il fallut donc dire adieu à nos parents, à nos amis, à notre infortunée Pologne, et prendre le chemin de l'exil. Au moment où je prenais congé de ma famille, ma sœur, la bien-aimée Françoise Stopinska, tomba à la renverse sur son siége et sans connaissance. — Pauvre ange! que de larmes mon exil doit lui avoir coûté! Elle m'aimait d'un amour si tendre et si expansif! — Moi, je pris dans mes bras ses deux jeunes enfants, je les pressai contre mon cœur, je les baignai de mes larmes. Et eux aussi ils pleuraient en me disant adieu.

Ma sœur était revenue à elle-même. Nous nous séparâmes enfin en échangeant quelques paroles d'espérance. — Je m'étais contraint en présence de ma sœur; mais quand je me vis seul, je donnai un libre cours à ma douleur; de grosses larmes s'échappaient de mes yeux; je marchais en silence et lentement. Parfois, involontairement, je me retournais et je saluais encore une fois les montagnes de mon pays. Ah! les douleurs de l'exilé qui voit disparaître les derniers confins de sa patrie se sentent, mais ne s'expriment pas. Encore, qui m'eût dit alors que je ne reverrais plus ma Pologne!

Quelqu'un de mes lecteurs me taxera peut-être, en lisant ces lignes, d'esprit faible et puéril; celui-là n'a pas de cœur ni de patrie: ce n'est pas pour lui que j'écris!

Nous passâmes dans la Gallicie autrichienne. Là nous trouvâmes un peuple de frères. Toutes les portes nous étaient ouvertes, et tous les cœurs battaient pour nous. Je trouvai plusieurs camarades d'école, Darowski, Skarzynski, etc., et plusieurs amis précieux et vrais. Quel empressement ils mettaient à me rendre les douleurs de l'exil moins amères et plus supportables! Comme leur amitié était industrieuse à me trouver d'agréables distractions et d'heureux passe-temps! Oh! si je pouvais présumer que ce petit travail de leur ami pût un jour parvenir jusqu'à eux, comme je leur dirais toute ma reconnaissance et tous les vœux que j'ai faits pour leur bonheur.

Cette vie, quelque heureuse qu'elle puisse paraître à bien des gens, me devint insupportable dès les premiers jours. J'avais été accoutumé à la vie active et laborieuse ; l'oisiveté forcée à laquelle je me voyais réduit me tuait insensiblement. Un de mes amis s'aperçut bientôt de mon malaise, et il en devina la cause. D'abord, il m'offrit, en mode de passe-temps, de faire l'éducation de son jeune frère ; j'acceptai son offre avec reconnaissance, et me voilà aussitôt à l'œuvre.

Ma vie, dès cet instant, devint moins triste, et les journées me parurent moins longues. Chaque heure avait son occupation marquée. L'ennui seul ne trouva pas de place dans la distribution de mon temps. Mon jeune élève était doué des dispositions les plus heureuses, il faisait les progrès les plus rapides. Son vieux et honorable père était heureux. Tous les jours il me témoignait sa gratitude pour les soins assidus que je donnais à son cher enfant.

La Providence me ménagea encore, en ces jours, une rencontre à laquelle je ne m'attendais guère. Je revis une vieille connaissance du collége, un ami de cœur, le fils de M. Skarzynski. Sur les bancs, nous avions été liés d'une amitié très-étroite ; les quelques années d'absence qui s'étaient écoulées depuis notre séparation n'avaient fait qu'en resserrer les liens. Aussi, comme mon ami était tendre et affectueux à mon égard. Tous les jours, quand venaient pour moi les heures de loisir, il venait me prendre, et aussitôt nous voilà tous deux à cheval parcourant et admirant les beaux paysages de la Gallicie ; et quand vinrent les froids rigoureux, avec les longues soirées d'hiver, mon ami ne manquait pas encore au rendez-vous. — Par son intermédiaire, j'étais des meilleures sociétés de la ville. Que ces jours eurent pour moi de charmes ! J'avais presque oublié que j'étais en exil.

Un soir, Skarzynski se présente chez moi avant l'heure ordinaire. Sa physionomie était plus expressive ; le sourire du bonheur était sur ses lèvres.

Nous allons de suite chez le baron Lewartowski, me dit-il ; je t'ai annoncé ; il nous attend. Partons.

Le baron nous reçut avec cordialité et abandon. A ses côtés était une jeune fille, modeste et douce. C'était pour la première fois que je la voyais, et pourtant mon cœur me disait déjà : C'est là l'ange que le ciel te destine !

A la première vue, nos regards se rencontrèrent ; elle me comprit, je la compris aussi — Notre ami commun était de moitié, et il était heureux. A partir de cet instant, je vis souvent le baron et sa fille Casimira. Tous les jours je les aimais de plus en plus ; tous les jours surtout je les estimais davantage. Oh ! elle était si bonne, si vertueuse, ma Casimira ! comme elle compatissait à mes douleurs. Quant, au

souvenir de ma patrie, la tristesse s'emparaît de mon âme, et que je restais taciturne et sombre, je la voyais courir aussitôt à sa guitare ou à son piano. Elle chantait, en s'accompagnant, des hymnes pieux et pleins d'espérance; et à la douce mélodie de sa voix, de grosses larmes s'échappaient de mes yeux : c'étaient des larmes d'amour et de résignation, et j'étais moins malheureux. Qui m'eût dit alors que je pourrais désormais vivre loin de ma Casimira! Et pourtant, quelques jours encore, et j'allais lui dire adieu pour ne plus la revoir. Le jour qui devait à jamais nous unir l'un à l'autre n'était pas éloigné, lorsque, par un arrêt cruel et barbare, nous nous vîmes, pauvres réfugiés Polonais, chassés encore de la Gallicie. Je n'essaierai pas de dire ma douleur et mon désespoir. — Pour la dernière fois, je vis mon ami... le baron... et Casimira. Tous les quatre nous fondions en larmes, immobiles et sans paroles; mais bientôt il fallut se séparer. Je ne dis pas adieu à ces objets chéris, je n'en eus pas la force; mais je pressai contre mon cœur le baron...... Je collai mes lèvres sur la main de ma Casimira, et puis je détournai ma tête pour leur cacher mes larmes et ne pas voir couler les leurs.

Mon Dieu! comment ai-je survécu à une séparation si déchirante!

Avant de quitter l'Italie, et après un an d'emprisonnement, j'écrivis deux mots d'adieux à ma Casimira, qui se maria pendant que j'étais en prison. Je me permets de les reproduire ici.

I.

Chociasz do okretu balwany kolacza
Ja na niego wsiadam, oczy moie placza;
Połade, poiade, piosenke zanuce,
Kazmiera okrutna wiecey tam nie wroce.

I.

Quoique mon navire soit menacé par l'orage et par les flots, je m'embarque cependant en versant des larmes; et je chanterai que Casimira est cruelle, et je ne reviendrai plus dans ces contrées.

II.

Tys to nieszczesliwie tak lalwo i snadnie,
Z oczow twych lagodnych wpadla do méy duszy,
Jak zefir wzbudzony, co wlistki wpadnie;
J spokoynosc mila, drzewa tego wzruszy.

III.

Czy pamietasz o tem cos mi powiedziela?
Obok swéy kanapy, ze mnie bedziesz chciala,
J trzy lata ciagle me serce ludzilas
A dwa lata do sie konika trudzilas..

IV.

W dniu dzisieyszym zmieniasz mile slowko swoie,
Takowa okrutnosc zniesiesz serce twoie?
Serce moie z zalu, zasnelo i dyszy,
J co usta mowia, ani tego slyszy.

V.

Zaplacz, zaplacz, i ty moy koniku drogi
Jam ciebie opuscil meczyli mnie wrogi;
Lecz chociazem lzami moie oczy rosit,
Nie gniewam sie, slabym, bede Boga prosit;
Bede Boga prosit, w moim przyszlym domku,
By wszystkim darowat winy odpoczatku.

II.

C'est toi, Casimira, qui, avec ton aimable et doux regard, pénétras dans mon âme, comme le zéphyre qui trouble la tranquillité du bocage en berçant agréablement les feuilles des arbres.

III.

Te rappelles tu, chère amie, que jadis tu m'avais promis de n'aimer personne que moi? Réfléchis que tu as trompé mon cœur pendant trois ans, et que, pendant deux ans, j'ai inutilement fatigué mon cheval pour me rendre auprès de toi.

IV.

Pendant que je gémissais en prison, tu as trahi ta parole, et tu as donné à un autre ta main et ton cœur... Et tu as eu le courage d'accomplir une cruauté pareille! Ah! mon cœur se brise sous le poids de sa douleur, et il n'entend pas ce que mes lèvres disent.

V.

Et toi, mon cheval chéri, ma dernière consolation, où es-tu? Vis-tu encore? Il me fallut t'abandonner lorsque mes ennemis me martyrisaient! Pendant deux ans, tu m'as porté chez ma Casimira; mais, hélas! elle m'a trompé, et maintenant j'abandonne ma patrie, ma Casimira et toi, et je m'en vais sur la terre étrangère! Mais, malgré que la douleur fasse couler mes larmes, la colère n'entre pas dans mon cœur; car, dans ma nouvelle patrie, je prierai Dieu de pardonner à mes ennemis le mal qu'ils m'ont fait.

VI.

Bozc! gdzicz iest lubo, i Oyczyzna moya!
O! dayze mi inna iezli wola twoia,
Lecz dayze mi taka, coby serce miala,
Zeby dawszy stowko, wiecéy nie zmiuiala.

VI.

Je m'embarque déjà!... Où est ma patrie bien-aimée? Où est ma chère Casimira?... O mon Dieu! si vous daignez me donner une autre amie, que cette amie ne trahisse pas la parole qu'elle m'aura donnée!...

J'avais choisi pour mon départ une nuit sombre et nébuleuse. Mon ancien compagnon d'armes et ami, Beza, avait attelé nos deux chevaux à ma voiture; nous y montâmes tous deux et nous partîmes, n'emportant avec nous que nos manteaux et un peu de linge. Quand le jour fut venu, nous rencontrâmes sur notre passage bien des allants et des venants; mais nous avions si bien pris les habitudes que nul ne se douta que nous fussions des réfugiés.

Nous arrivâmes sans être inquiétés jusqu'à quelques lieues de la frontière de Hongrie. Là, nous nous arrêtâmes, et nous délibérâmes sur le parti que nous avions à prendre. Essayer de passer incognito et en contrebandier nous paraissait téméraire, et cependant c'était la seule voie de salut qui nous restât. Sur ces entrefaites, j'aperçus, non loin de nous, un paysan qui travaillait au milieu de la campagne. Ami! lui criai-je, combien comptons-nous d'ici à la ville prochaine? — Deux lieues. — Et ces maisons que nous apercevons, par qui sont-elles habitées? — Ce sont des hôtelleries tenues par des familles juives. A ce seul mot de juif, je frissonnai de tous mes membres. Beza s'aperçut de mon trouble; lui, il était impassible et calme. Allons, dit-il, à ces hôtelleries, elles sont pour nous de bon augure; le juif trafique de tout; on nous passera pour quelques pièces d'or. Le sang-froid de mon ami me rendit à moi-même et me donna un peu de courage. Nous nous mettons donc en marche, et, dans quelques instants, nous voilà de compagnie avec nos juifs. Pendant que nous prenions notre repas, l'hôtelier rôdait toujours autour de nous et nous assourdissait de ses questions: « Mes bons Messieurs, quelle bonne aventure vous a conduits dans ces contrées? D'où me vient tant d'honneur de loger cette nuit chez moi deux grands seigneurs comme vous? » Tant de curiosité de la part d'un juif m'inquiétait souverainement. Je commençais déjà à prendre de l'humeur, et j'allais donner congé à cet importun, lorsque Beza se tourna de mon côté et me dit à part : Laisse-moi faire, nous sortirons d'ici et nous passerons. — « Ami, pourrions-nous vous engager à choquer le verre avec nous? — Oh! quant à ça, mes bons et généreux Messieurs, je ne refuse jamais. Avec vous, je veux même en être des frais. Sara, une bouteille de vin ici et du meilleur. Et notre homme prend place à nos côtés. Beza regarda l'israélite fixement; après quelques instants de silence, il lui dit : Vos procédés à notre égard sont pleins de loyauté; je me permettrai même d'ajouter que votre physionomie est celle d'un fort honnête homme. — Mes bons Messieurs, tous le monde me connaît pour tel; ma réputation est bien établie, allez; et elle est bien méritée, je vous assure. — Eh bien! nous voulons vous faire part de nos infortunes; vous êtes l'ami des malheureux, vous viendrez à notre secours. — Disposé à vous servir, dit à demi-voix notre israélite. Déconcerté par ces dernières paroles, Beza comprit le mauvais effet qu'avait produit son discours sur l'esprit de son interlocuteur, et se hâta d'ajouter : Nous vous donnerons 400 fr., si cette nuit même vous nous conduisez au-delà de la frontière. Nous sommes de pauvres réfugiés Polonais qu'on poursuit à outrance. C'est de vous seul que nous attendons notre salut.

Le juif resta quelques instants pensif, puis il passa la main sur son front, et reprit :

L'entreprise est bien difficile et bien périlleuse. Mais... j'aime les Polonais, et pour eux je me sacrifierai s'il est nécessaire. — A minuit, mes bons Messieurs, et il se retira.

Minuit a sonné, notre juif est le premier sur pied; il nous fait revêtir des habits à l'israélite, et nous partons.

Notre consigne était sévère; nous étions condamnés au mutisme absolu. Notre guide seul devait répondre à toutes les questions qui nous seraient adressées, et il eut des paroles pour lui et pour nous. Bref, il sut si bien faire que notre passage n'éveilla même pas le moindre soupçon dans l'esprit des gardes qui nous vinrent inspecter.

Nous voilà pour le moment hors de tout danger. En cet instant, je ne me possédai pas; aussitôt, je veux compter les 400 fr. promis à notre intelligent israélite; mais quel est mon étonnement et mon admiration lorsque je l'entends me dire : Gardez-les pour vous, mon bon Monsieur, une bonne œuvre ne se paie pas à prix d'argent. Déconcerté par ces paroles, je regarde Beza, comme pour prendre conseil de lui. Mon ami me sourit d'un sourire ironique; il semblait me prendre en pitié. J'insiste auprès du juif; enfin, il se laissa faire. Vous l'exigez, mon bon Monsieur, me dit-il, eh bien! j'accepte cette petite somme, non pas pour moi, mais pour venir au secours de quelques-uns de vos compatriotes qui en auront peut-être encore plus de besoin que vous.

Avant de nous quitter, il voulut encore nous donner ses dernières instructions, et nous exprimer tous les vœux qu'il faisait pour notre conservation et notre bonheur, puis il nous fit trois profondes révérences et il s'en alla. Il n'était encore qu'à peu de distance de nous, que nous l'entendîmes chanter gaiment sa chanson de triomphe. Ces accents de joie et de bonheur m'expliquaient tout ce que je n'avais compris qu'à moitié jusqu'alors. Le juif est toujours le même, dis-je à mon ami; lui me railla quelques instants. Mais bientôt nous restâmes tous deux sans parole, plongés dans de profondes rêveries : les jours du passé étaient présents à notre esprit. J'esseyai d'en retracer ainsi le souvenir à mon ami :

SOUVENIR.

I.

Pamictasz rzekl officer do zolnierza,
Co sluzac dlugo wyszedl na zebraka;
Pamictasz kiedys w szturmie Sandomierza,
Zwrocil odemnie palasz Austryiaka.
Pod iednym znakiem i w rownym raszczycie
Dzielnym Oyczyzny bronielismy grotem;
Ja to pamietam bom ci winien zycie;
Lecz ty zolnierzu, czy pamietasz o tem?

II.

Pamietasz chwile zbyt krotkie niestety,
Wktorych tak Polska slyneta kraina,
Kiedysmy winnych krzywd chcieli odwety
Ostrzyli miecze na murach Kremlina.

I.

Un brave officier, que le triste sort des armes avait réduit à la misère, rappelait ainsi les jours de la patrie à un soldat, son ancien compagnon d'armes. Soldat, te souvient-il de la guerre de Sandomirie, alors que tu m'as défendu du glaive autrichien? Comme alors nous combattions avec valeur pour la patrie!.... Oh! moi, je me souviens de ces jours; tu m'arrachas des mains des ennemis! Mais toi, soldat, te souvient-il de tout cela?

II.

Te souvient-il de ces jours si heureux, mais, hélas! si courts, où notre Pologne était si florissante? Nous demandions à l'étranger réparation des innombrables injures dont il avait accablé notre patrie, et nous nous battions avec

Pamietasz Lipska zamach zdradny wroga;
Kiedy sie ziemia pod dzial trzesla grzmotem,
A wodz nasz honor uniot w rece Boga,
Powiedz zolnierzu czy pamietasz o tem?

III.

Pamietasz otem zesmy dziecmi Bohatyra,
Co dziwil mestwem Wlochy legionow;
J ze brzmia ieszcze pod Samo-siera,
Gony Hiszpanskie czcia polskich szwadronow;
Mimo fal ktorych grozila zatrata,
Wszak orly nasze zwyciezkim polotem
Wyspy nowego odwiedzaly swiata,
Powiedz zolnierzu, czy pamietasz otem?

IV.

Pamietasz przestrzen lodowatych stakow,
W ktorych nasz orez nie przyiaciol gnebil;
A szron osiadlszy na czolach polakow;
Zmrozit ich czola lech serca nie ziebil.
Jednak choc smutek, wyryl slad na skroni
Stalosc zostala walecznych przymiotem,
Powrocil zapal na odglos do broni,
Powiedz zolnierzu, czy pamietasz otem?

V.

Pamietasz wowczas zalosnéy rocznicy
Gdy nam Oyczyzne zywcem los w grob wtloezyt

fureur dans les murs du Kremlin. Te souvient-il des astuces et de la perfidie dont on usa contre nous dans la guerre de Leipsick? Alors la terre trembla sous le poids des armes, et notre malheureux duc succomba sous les coups ennemis. Dis-moi, soldat, te souvient-il de tout cela?

III.

Aurais-tu oublié que nous sommes les enfants de Dombrowski? Ce brave duc, à la tête de nos légions, fit l'admiration de l'Italie, et encore aujourd'hui les peuples de l'Espagne comblent d'éloges nos légions. Ce n'est pas tout, nos aigles parcoururent jusqu'aux îles éloignées, et partout les suivit la victoire. Dis-moi, soldat, te souvient-il de tout cela?

IV.

Te souvient-il de ces immenses pleines, dans lesquelles nos glaives ont long-temps torturé l'ennemi? Mais, hélas! bientôt les cheveux ont blanchi sur nos têtes et nos fronts se sont refroidis; notre cœur seul ne s'est pas laissé abattre par l'infortune. Le souvenir des anciens jours était toujours présent à notre mémoire, et l'espoir d'un heureux retour restait toujours au fond du cœur des guerriers. Tout à coup le bruit des armes vint réveiller les fidèles Polonais. Dis-moi, soldat, te souvient-il de tout cela?

V.

Ah! tu n'as pas oublié, sans doute, ces jours malheureux où notre patrie tomba sous les tristes coups de l'infortune?

J do wspanialêy Jagiellow stolicy
Pycha nadety nieprzyiaciel w kroczyl.
Nie przestan nigdy dnia tego przeklinac,
Azeby szczescie Belony powrotem;
Niepetrzebowal wodz ci przypuminac
Powiedz zolnierzu, czy pamietasz otem?

VI.

Pamietay glos moy z tym gasnie wyrazem
Nie masz juz wiecey drogich nam pamiatek;
Poydz przyiacielu bedziem plakac razem
Poki dni lepszych nie zablysnie watek,
Gdy smierc pierwéy w méy zawita chacie
Aby mnie z zycia rozlaczyc klopotem,
Ty mi powicki z lekka przymkniesz bracie
Mowiac z weschnieniem czy pamietasz otem?

Alors un ennemi orgueilleux vint s'asseoir sur le beau trône des Jagellans. Que ce jour malheureux soit à jamais maudit! Hélas! quand viendra le jour trop fortuné où la guerre nous reviendra propice; alors ton officier ne sera plus réduit à reporter ses souvenirs aux anciens jours de notre gloire.

VI.

Ami, je m'arrête; nous n'avons plus de hauts faits dont nous devions consacrer le souvenir. Viens, ami, pleurons, mêlons nos larmes jusqu'à ce que se lèvera pour nous l'aurore de meilleurs jours. Mais avant que ces beaux jours ne luisent, la mort aura tranché le fil de mes jours, et tous mes malheurs auront enfin cessé. Toi, mon ami, tu fermeras mes yeux, et tu répèteras, en soupirant, notre refrain : Te souvient-il, etc.

Cependant, nous allions grand train. La légèreté de notre voiture et la bonté de nos chevaux nous permettaient de faire des marches forcées. Mais bientôt il fallut faire halte. Nous étions tous les deux couverts de blessures : le pénible trajet que nous venions de faire nous avait tellement affaibli, que nous ne pouvions plus aller.

Nous fûmes frapper à la porte du comte Moris. Notre généreux hôte nous reçut à bras ouverts, et, comme s'il eût retrouvé en nous des amis de vieille date, nous prîmes chez lui quelques jours de repos. Moi je recouvrai insensiblement mes forces; mais mon ami dépérissait à vue d'œil. Sa jambe avait été fracturée à la dernière bataille, et il portait encore une balle au pied. Bientôt son état devint alarmant : les médecins que nous avions fait appeler déclarèrent que mon malheureux Beza n'avait plus que quelques jours à vivre. Mon ami comprenait encore mieux que nous que sa fin approchait; il fit appeler un prêtre catholique et reçut de sa main les derniers sacrements. Trois jours après il n'était plus.

Pendant tout le temps que dura la maladie de mon ami, je n'avais pas un seul instant quitté son chevet. Quelques instants avant de rendre le dernier soupir, il se tourna vers moi et me dit : Sadkowski de Doliva, je m'en vais, ma dernière heure est venue. Je ne regrette pas la vie, j'ai fais mon devoir, je meurs content. Mais toi, pauvre ami, que vas-tu devenir, seul dans une terre étrangère? Je m'étais promis d'être ton guide et ton soutien, et je meurs ici. Et il retomba sur sa couche comme anéanti par cette pensée. Bientôt, il reprend : Mais je serai au ciel; va, va, tu seras heureux! Adieu, Sadkowski de Doliva. Et il sanglottait. — Moi, je ne pus trouver une larme, ma douleur était trop profonde et trop concentrée; je ne me possédais plus. Je me jette au cou de mon ami, je le presse contre mon cœur. Grand Dieu! je ne serrais plus dans mes bras qu'un cadavre froid et inanimé. Je tombe sans connaissance sur les malheureux restes de mon ami. Revenu à moi-même, j'ai un moment maudit la Providence. Non, me suis-je écrié, il n'est pas de Dieu bon et juste au ciel! Le Seigneur me l'aura pardonné; je ne savais pas ce que je faisais.

. Cependant, le public était informé qu'un Polonais réfugié venait de mourir chez le comte Moris. Tout nous portait à croire que cet événement éveillerait les soupçons de la police : il fallut donc au plus tôt quitter ces lieux.

Ma voiture était désormais trop grande pour moi, je la laissai au comte Moris; il m'en donna en échange une plus petite; il garda aussi le cheval de Beza. Il me promit de le traiter avec ménagements, et de le laisser mourir dans ses écuries.

Avant de quitter ces lieux, j'aurais bien voulu élever un modeste mausolée sur les malheureux restes de mon ami Beza; mais le danger qui me menaçait était imminent : il fallut partir au plus tôt. Je laissai une petite somme au comte Moris; il l'aura fait pour moi. Je l'ai prié d'y faire graver cette inscription :

BEZA, RÉFUGIÉ POLONAIS,
MARTYR DE LA LIBERTÉ.
SON AMI FIDÈLE ET RECONNAISSANT,
SADKOWSKI DE DOLIVA (FRANÇOIS).

La nuit était avancée; je dis adieu au comte Moris et à toute son intéressante famille, et je m'éloignai.

Quand j'avais vu disparaître les derniers confins de ma Pologne, quand je dus me séparer de ma Cazimira, j'avais cru que mon infortune était à son comble et que là finiraient mes malheurs; et aujourd'hui je me vois réduit à regretter les jours du passé.

Les journées étaient pour moi des siècles, depuis que mon Beza n'était plus là pour me distraire et m'encourager. Je laissais aller mon cheval à sa fantaisie ; et, quand la nuit était venue, j'allais au premier village voisin, au risque d'être reconnu et arrêté.

Comme je ne connaissais pas la langue du pays, j'étais forcé d'avoir recours aux prêtres des lieux où je me trouvais. Je leur disais, en latin, les motifs qui me menaient auprès d'eux. Tous me reçurent avec bonté, avec prévenance même.

Long-temps j'errai ainsi, sans savoir trop où j'allais, et déviant presque à chaque instant de ma route véritable.

Un jour, entre autres, j'avais marché pendant fort long-temps au milieu d'une forêt épaisse. La nuit était près de tomber, et je n'apercevais pas d'habitation. Bientôt l'obscurité devint si profonde que je me vis dans l'impossibilité de continuer ma route. Je ne sais plus que devenir. Après un moment de délibération, je m'arrête, je dételle mon cheval, et je le laisse librement paître l'herbe de la forêt. — Pour moi, je me mets à couper quelques branches, je fais un grand feu, et je m'y assieds à côté.

Mon Dieu ! quelles pensées tristes et déchirantes vinrent en ce moment s'emparer de mon âme. Les forces m'abandonnaient. Je ne pouvais plus supporter le poids de ma misère.

J'exhalai ainsi ma douleur :

I.

Pagorki bieg Wisly wody
Jak wiele mi przypomina,
Tam trawilem wiek moy mlody;
Tam zyla moia kraina.

II.

Ten Wavel nad Wisla strony,
Ktory Dniebre od innych dzieli;
Jest obraz Polski obrony,
J wiernych jey przyiacieli.

I.

Arbres de la vallée, ruisseaux limpides, cours de la Vistule, combien vous rappelez vivement à mon âme le souvenir de la patrie, les lieux où j'ai passé mes premiers ans auprès de mes parents et de mes amis!

II.

La montagne Vavel, à Cracovie, ancienne capitale de la Pologne, a pour frontière le Dniepre; à ses pieds, la Vistule, et sur la hauteur, le palais des premiers rois de Pologne; elle retrace la mémoire de la patrie et de ses amis.

III.

Dla czego Polak ze zguba
Miley nadziei nie traci;
Nie plakalby za swa luba,
Nie zalowalby swych braci.

IV.

Tamci placza i lzy ronia,
Mnie w troy nasob plyna zale;
Oni slowy kraiu bronia,
A mnie bolesc dreczy trwale!

V.

Pola, lasy i doliny,
Obrazy przeszlości miley,
Bez obecnosci krainy;
Jakzescie wiele stracily!

VI.

Nie sa to nasze winy lecz starych siwizny
Nie moglismy odzyskac drogiey nam oyczyzny;
Nie moglismy odzyskac, a teraz doplynac
O'moy ty mocny Boze, tu nam przyidzie zginac!

III.

Pourquoi le Polonais ne perd-il pas la mémoire avec le bonheur? Pourquoi le souvenir de la patrie et des personnes qui lui sont chères ne viendrait-il pas lui arracher encore des larmes et assombrir ses pensées jusque dans la terre d'exil?

IV.

Eux aussi soupirent et versent de grosses larmes; mais leurs larmes sont moins amères que les miennes: ils ont quelqu'un qui connaît et partage leur malheur. Dans la terre étrangère, moi, je suis seul avec ma douleur!

V.

Les champs, les forêts, les collines, douces images des objets qu'autrefois il aima, ne lui rappelleraient plus la grandeur de sa perte.

VI.

Ce n'est pas notre faiblesse, mais seulement les crimes de quelques-uns de nos pères qui causent nos malheurs. C'en est donc fait, jamais nous ne reverrons la patrie! jamais nous ne serons gouvernés par nos lois sacrées!

Dieu tout-puissant, il faut donc mourir misérablement dans la terre d'exil!

J'avais à peine écrit ces quelques lignes que je m'endormis à côté de mon feu. Tout à coup, je me sens vivement secoué; je me réveille en sursaut. Trois hommes sont là, autour de moi; chacun d'eux a entre ses mains une carabine; leur ceinture est garnie d'un gros poignard et de deux pistolets. Que me veulent ces gens? Sont-ce des envoyés de la police autrichienne qu'on a mis à mes trousses. Vainement je veux leur parler, je ne suis pas compris. Ils me questionnent aussi. Je ne puis satisfaire leur curiosité. Leur patience était à bout. Je vis le moment où ils allaient se défaire de moi, lorsque deux autres des leurs, attirés par les coups de sifflets réitérés de leurs compagnons, se présentent au milieu de nous.

L'un des derniers venus s'approche de moi. Qui est-tu? me dit-il en slave. — Je suis un voyageur étranger; je me suis égaré dans cette forêt. Mais tu es mon compatriote; je suis Slave, moi. — Dis, que fait-on chez nous? Encouragé par ces paroles, je lui dis : Je suis un officier polonais; tu connais, sans doute, nos malheurs. Je vais chercher dans la terre de France un asile que je n'ai pu trouver dans ma malheureuse patrie. Il fit part de ma réponse à ses compagnons. Aussitôt leur physionomie si menaçante devint moins sombre; tous s'approchent de moi, prennent ma main et me la serrent avec affection. Mais bientôt celui qui me paraissait le chef de la troupe donna ses ordres, et au même instant tous me quittèrent; le Slave seul resta à mes côtés pour me faire connaître et me défendre en cas de besoin. — Il me le dit plus tard.

Cependant, je ne savais que penser de tout ceci; mon étonnement augmenta encore lorsque je vis tous ces hommes qui nous avaient quittés revenir à nous chargés de vivres et portant un sac de grain pour mon cheval.

Touché de tant d'attentions, je dis à celui qui me servait d'interprète : Amis, permettez-moi de m'informer de qui je reçois aujourd'hui tant de bontés. Dites-moi, qui êtes-vous? Celui-ci se tourna du côté de son chef, comme pour le consulter sur la réponse qu'il devait me faire; puis il me répondit en souriant : Nous appartenons à une bande de voleurs Voilà notre chef. Comme toi, nous avons tous porté les armes. L'Autriche, qui s'est emparée de nos terres, comme de votre Pologne, a voulu nous forcer à nous mettre sous ses drapeaux; mais nous n'avons pas pu les suivre long-temps. Nous cinq, et douze ou treize autres, nous avons déserté nos rangs et nous nous sommes réfugiés dans ces forêts. Nous voulons nous procurer ici un peu d'argent; après quoi, nous passerons en Afrique.

Pendant que mon interprète parlait, chacun avait les yeux fixés sur moi; ils semblaient chercher dans ma physionomie l'effet que produisaient sur ma personne ces révélations. Je fis aussi bonne contenance qu'il me fut possible, et je me hâtai de répondre :

Mes amis, nous sommes bien malheureux! Oh! on nous fait un crime d'aimer notre patrie! Parce que nous ne pouvons nous soumettre au joug de l'étranger, nous sommes chassés loin des lieux qui nous virent naître. Oh! notre tour viendra, alors nous prendrons notre revanche!

Ma réponse parut les satisfaire. Dès cet instant, ils eurent pour moi les égards que j'aurais eu peine à trouver dans des hommes vertueux et bien élevés. Je passais avec eux le reste de la nuit, et quand fut venu le jour, ils m'accompagnèrent tous jusqu'à l'extrémité de la forêt. — Là, je leur offris quelques pièces de monnaie; mais je ne pus les leur faire accepter. Ils me forcèrent, au contraire, à prendre encore quelques vivres et du grain pour mon cheval. Que Dieu leur rende tout le bien qu'ils m'ont fait!

Je leur donnais à chacun une poignée de main, et je repris mon chemin plus calme et plus résigné que je ne l'étais la veille.

Mes journées retombèrent dans leur monotonie ordinaire. Je marchais toutes les journées autant que mes forces me le permettaient; la nuit, je m'arrêtais au premier presbytère que je trouvais. Les bons prêtres chez qui je descendais ne voulurent jamais rien recevoir de moi, pas même une obole; mais je leur laissais à tous une petite somme pour leur église.

Arrivé sur les frontières du Tyrol, M. Leibnitz, qui m'avait reçu chez lui, me manifesta ses craintes à mon égard. Si vous marchez avec votre équipage ordinaire, me dit-il, infailliblement vous serez reconnu et arrêté. Voulez-vous traverser le Tyrol et l'Italie sans être inquiété, défaites-vous de votre cheval et ne portez rien avec vous.

Mes lecteurs pensent peut-être que ce dernier acte de dépouillement m'aura coûté bien peu. Après toutes les privations auxquelles j'avais été condamné, mon cœur se sera, sans doute, endurci au malheur. Hélas! il n'en est rien! L'homme a besoin d'aimer; quand il n'a plus à ses côtés un de ses semblables qui le comprenne, une araignée, un moucheron, un rien devient son idole. La mienne, c'était mon cheval. Quand je vis un étranger prendre ses rênes, le caresser et y monter dessus, je sentis mon cœur saigner de douleur.

C'était le seul ami qui me restait au monde: il était de ma Pologne; il avait été le compagnon de tous mes malheurs, et il fallait s'en séparer et le livrer entre des mains qui peut-être le maltraiteraient un jour. Je ne rougirai pas de l'avouer, cet instant a été un des plus déchirants de ma vie.

Pour me conformer encore aux instructions de M. Leibnitz, je fis couper mes moustaches, je m'ajustai de mon mieux à l'italienne et je partis. Je traversai ainsi, à pied, tout le Tyrol. Je visitai Mantoue, Vérone, Vicence, Trévise, Padou, Parme, etc. J'arrivai jusqu'aux rives du Pô.

Depuis que j'avais mis le pied sur le sol de l'Italie, il me semblait que je respirais plus à l'aise. L'Italien aima toujours la Pologne, disais-je à moi-même, nul ici n'osera mettre la main sur moi. J'avais oublié que j'étais encore sous la griffe de l'Autriche. Me croyant désormais en pleine sûreté, je voulus encore aller visiter Ferrare. J'avais à peine franchi les rives du Pô, que trois gendarmes se présentent à moi. Ils me demandent mon passe-port, et je n'en avais pas à leur montrer. Vainement, pour échapper de leurs mains j'eus recours à toutes les voies, il fallut les suivre auprès du commissaire central.

J'épargnerai à mes lecteurs le détail des mauvais traitements dont j'ai été l'objet dans les prisons de l'Italie. Je ne dirai pas non plus le système infernal qu'on a employé contre moi pour m'arracher des aveux qui étaient contre la vérité et que ma conscience ne pouvait pas faire. En France, on ne me croirait même pas; on n'a pas seulement l'idée de ces atrocités. Et puis, je me suis promis de ne pas dire un mot contre ces hommes ignobles de la police autrichienne qui se sont volontairement constitués mes bourreaux. J'ai été jusqu'ici fidèle à mon serment et je le serai jusqu'au bout. Je laisse à Dieu seul à juger entre mes persécuteurs et moi. Je me contenterai de dire ici que toujours, dans les innombrables interrogatoires que l'on m'a fait subir, j'ai eu pour juges des Autrichiens! Le mot explique tout pour qui connaît les procédés de l'Autriche vis-à-vis de ceux que le sort des armes a rendus ses vassaux.

Une année entière, j'ai langui dans les infects cachots de l'Italie. Que les heures de la prison sont longues, et que les heures du passé se présentent vivement à la mémoire du captif!

Pologne bien-aimée! quels vœux ardents j'ai fait pour toi en ces jours de malheur! Que de fois ma voix a répété ces quelques paroles, et bien d'autres semblables, que, dans des moments de calme, j'ai jetées sur le papier:

DIEU.

Boze! zmiluy sie nad nasza Oyczyzna, zmiluy sie nad nami!

Dieu, ayez pitié de notre patrie! Seigneur, ayez pitié de nous!

I.

Boze! cos Polske przez tak liczne wieki,
Okryta blaskiem potegi i chwaly,
Nagle z pod swoiéy usunal opieki,
J wzniol te ludy co iéy sluzyc mialy.
Przed twe oltarze zanosim blaganie
Nasze Oyczyzne racz nam wrocic Panie!

II.

Ty cos ie potem tkniety iéy upadkiem,
Wspieral walczaca za noyswietrza sprawe;
J chcac swiat caly, miec iéy mestwa swiadkiem,
Wsrod samych nieszczesc pomnozyl iey slawe.

Przed twe oltarze zanosim blaganie
Nasze Oyczyzne racz nam wrocic Panie!

III.

Zabralés wolnosc z naszéy Polsky ziemi
A tez krwi naszéy poplynely rzeki
Jakze te musi bydz okropnie z temi
Ktorym Oyczyzne odbierasz na wieki.
Przed twe oltarze zanosim blagonie
Nasze Oyczyzne, racz nam wrocic Panie!

IV.

Jedno twe slowo, wielki gromow Panie!
W chwili nas z prochow wskrzesic bebzie zdolne;
A gdy zasluzem na twe ukaranie
Obroc nas w prochy, ale w prochy wolne.
Przed twe oltarze zanosim blaganie
Nasze Oyczyzne, racz nam wrocic Panie!

I.

Dieu! sitôt que tu as détourné tes regards de dessus notre Pologne, si long-temps brillante de puissance et de gloire, tu as prêté l'appui de ton bras à ses peuples misérables nés pour nous asservir!

Aux pieds de ton autel, nous sommes prosternés, Seigneur; entends nos prières brûlantes et rends-nous notre patrie!

II.

Dieu! tu as eu pitié de notre Pologne lorsque tu l'as vue tomber! Pourquoi donc as-tu soutenu ceux qui combattaient pour l'injustice? Ah! tu as voulu que le monde entier fût témoin de notre courage. Abandonnés de tous, même dans notre chute, nous nous sommes couverts de gloire.

Aux pieds de ton autel, nous sommes prosternés, Seigneur; entends nos prières brûlantes et rends-nous notre patrie!

III.

Tu as arraché à la Pologne sa liberté; le sang que nous avons versé pour elle a formé de grands fleuves. Mon Dieu! qu'il est cruel d'être à jamais sans patrie!

Aux pieds de ton autel, nous sommes prosternés, Seigneur; entends nos prières brûlantes et rends-nous notre patrie!

IV.

Une de tes paroles, ô Dieu tout-puissant! suffit pour nous tirer aussitôt de notre néant. Si encore nous sommes sous le poids de ton courroux, réduits-nous en poussière; mais rends à notre poussière sa liberté!

Aux pieds de ton autel, nous sommes prosternés, Seigneur; entends nos prières brûlantes et rends-nous notre patrie!

Et quand je donnais un libre cours à mon imagination, je me transportais sur les lieux qui me virent naître.

La Pologne entière était debout, les armes à la main; la voix de l'Eternel l'avait de nouveau réunie des quatre coins du monde. Moi, j'encourageais ainsi mes frères :

I.

Bracia za narod swobody,
Poydziem i bedzie boy krwawy;
Lecz do wygranéy trza zgody
Wiary; a mestwa do slawy,

II.

Jednosc ufnosc zgoda swieta,
J Bog, te sa zbawcy nasze,
Z niemi intryg zerwa peta;
Naszo islniace palasze.

I.

Concitoyens! volons combattre pour la liberté et la patrie contre les tyrans qui nous oppriment. Avec notre courage et notre amour pour la gloire, la victoire est à nous, si nous sommes unis.

II.

L'union, la confiance, la sainte concorde, voilà ce qui doit nous sauver. Avec elles, nous briserons infailliblement nos fers; c'est là l'épée de Dieu.

Enfin, un jour les portes de ma prison s'ouvrirent devant moi, et la liberté me fut rendue. Je ne fus pas long-temps à prendre mon parti; je quittai aussitôt l'Italie, et le 18 juillet 1838 je mis, pour la première fois, le pied sur la terre chérie de France. Ce fut là, pour moi, un jour de bonheur.

Pour les Polonais, la France ce n'est pas la patrie, mais c'est quelque chose de bien approchant.

Que mes lecteurs me permettent ici quelques réflexions en finissant.

Depuis que les malheurs de ma patrie m'ont condamné à vivre sur la terre étrangère, j'ai éprouvé bien des déboires, souffert bien des humiliations; que de fois je me suis vu près de perdre courage. Alors je sentais défaillir mes forces, et je voulais me laisser mourir. Qui donc, dans ces instants, faisait renaître alors au fond de mon âme abattue quelque lueur d'espérance? qui venait relever mon front courbé sous le poids des revers?

Vous qui souffrez, écoutez un malheureux comme vous; peut-être ses paroles pourront-elles porter un baume salutaire sur vos plaies encore saignantes.

Je veux vous parler des consolations que j'ai trouvées dans la pratique de la religion. Mais, avant, permettez-moi de vous dire comment elles sont connues et pratiquées dans mon pays. Toujours je voudrais raconter les mœurs de ma Pologne, je voudrais la faire connaître à tous, la faire aimer de tous. Et puis, mon cœur a besoin de se reposer dans son souvenir. C'est là mon oasis à moi. Le lecteur me pardonnera les redites sur ce sujet; il n'a pas oublié que c'est un exilé qui écrit ces lignes.

L'an 791, la religion catholique apostolique et romaine fut prêchée pour la première fois dans la Pologne, la Moravie, la Bohême, par saint Albert, évêque de Gnezne. Depuis cet instant, la Pologne n'a pas détourné un instant ses regards du siége de Rome, centre de l'unité catholique.

La foi des Polonais fut vive dès l'abord, et elle ne s'est jamais démentie; depuis, elle parcourt aussi nos villes et nos campagnes, et partout vous trouverez l'artisan, comme l'homme de fortune, se faire un devoir de pratiquer jusqu'aux préceptes évangéliques.

Le Polonais ne rougit pas d'assister aux vêpres et à la messe les jours de fêtes. C'est là, pour lui, un devoir sacré, auquel il ne manque jamais; ils se font, jeunes ou vieux, même un scrupule de ne pas prendre la moindre nourriture jusqu'à ce qu'ils y ont satisfait.

Tous les jours, la journée se commence par la prière et se finit aussi de même. Tous les membres de la famille se réunissent, et, ensemble, ils offrent à l'Eternel leurs actions de grâces, et le supplient de leur continuer encore ses faveurs.

Quand la solennité de Pâques approche, chacun se prépare de son mieux à recevoir l'agneau sans tache, et quand arrive l'aurore de ce grand jour, le Polonais attend que le prêtre, ministre de Dieu, soit venu bénir la nourriture qu'il doit prendre en ce jour-là. Rien surtout de si touchant comme nos pèlerinages! A des jours spéciaux, vous verriez les populations entières abandonner leurs demeures et courir se prosterner aux pieds des autels vénérés de la mère de Dieu.

J'ai vu, à Czestochowa, jusqu'à quinze mille pèlerins; et mon père m'a eu dit bien des fois que, du temps de sa première jeunesse, il y en avait vu jusqu'à cinquante mille.

Quand le Polonais a vu se faire un grand concours dans cette sainte chapelle, il est tranquille pour ses moissons; il les a mises sous la protection de la mère de Dieu. Nourri dans ces idées religieuses, j'ai eu le bonheur de ne jamais oublier les instructions que j'avais reçues dans mon enfance. Souvent se sont représentés à mon esprit les conseils que me donnait mon vénéré père. Il avait vieilli sous les armes; les belles années de sa jeunesse, il les avait passées dans les camps. La connaissance qu'il avait des hommes lui avait appris à compter peu sur eux.

Mon fils, m'avait-il dit bien des fois, ne t'appuie jamais sur des bras de chair, l'homme est faible, trompeur et égoïste. Dieu seul est toujours le même, force, sagesse et amour.

Ah! combien dans ma pénible carrière j'ai vu la vérité de ces paroles. Quand la tristesse s'emparait de mon âme je n'ai eu personne à qui je puisse dire mes douleurs; je n'ai eu que vous, ô mon Dieu! vous seul avez vu couler mes larmes, et les avez rendues moins amères.

Les douleurs de l'exil, je les ai supportées avec résignation, dans la pensée que tous mes pas tendaient vers ma patrie. Et quand je me suis vu victime des injustices des hommes, j'ai eu, pour comprimer l'indignation qui s'emparait soudain de mon âme, l'exemple de l'Homme-Dieu, expirant sur un infâme gibet et priant pour ses bourreaux.

COUP-D'ŒIL HISTORIQUE

SUR LA MUSIQUE RELIGIEUSE.

De tous les beaux arts, la Musique est celui qui agit le plus immédiatement sur l'âme; les uns la dirigent vers telle ou telle idée; celui-ci, seul, s'adresse à la source intime de l'existence, et change en entier les dispositions intérieures.

POÉSIE.

Quel pouvoir inconnu, jusqu'au fond de mon cœur,
Vient porter, par degrés, le calme et le bonheur?
Mon esprit transporté, qu'entraîne l'harmonie,
Se perd dans les douceurs de la mélancolie.
De la nature entière, ô lien enchanteur!
Du bonheur éternel, céleste avant-coureur.
Musique! n'es-tu pas du cœur le doux langage?
Ah! s'il en est ainsi, qu'il est beau ton partage!

Qui mieux ravirait l'âme au trône du Seigneur?
Qui, mieux que toi, pourrait enflammer la valeur?
Irrésistibles sons! vous avez la puissance
De charmer les ennuis, d'adoucir la souffrance;
Celui qui vous entend sans être ému, charmé,
N'a jamais rien souffert, n'a jamais rien aimé.

Amélie d'Ogienska.

La Pologne fut la première nation qui fit briller le flambeau de la science sur la vaste étendue du territoire slave.

Ses habitants, guerriers, laboureurs, d'abord, s'adonnaient peu à la culture des arts; mais quand le christianisme commença à se répandre, l'harmonie de la pensée, le génie poétique se révéla, et la musique prit naissance.

Dès le xe siécle, nous voyons saint Adalbert, archevêque de Gnezne, composer des chants sacrés pour les troupes polonaises qui combattaient les Poméraniens et les Prussiens païens. Une hymne de saint Adalbert (*Boga Rodzica*), Mère de Dieu, a été pendant long-temps le chant du combat des Polonais.

Je ne connais rien de plus imposant que les effets de l'unisson dans la musique d'église; l'harmonie, avec sa puissance pénétrante, ne produit pas souvent cette impression profonde, ce recueillement soudain qui transporte l'âme vers l'Être suprême.

La religion catholique a donc rendu un grand service à la musique, en consacrant l'usage des Messes chantées.

Le son de l'orgue (*organum*) semble être le divin écho de la prière; cet instrument majestueux semble avoir été créé par Dieu lui-même pour être l'organe de sa parole divine sur la terre.

La religion est une source inspiratrice pour les artistes : elle a donné à la peinture la vérité dans l'expression, la puissance dans le coloris, le sublime dans l'art; elle a produit des chefs-d'œuvre, quand les sujets profanes approchaient à peine d'une perfection matérielle. Toutes les observations qui s'appliquent à la peinture s'appliquent aussi à la musique, les grandes idées ont pris leur développement dans la musique sacrée : ce genre sévère et pompeux, profond et mélancolique, pénètre l'âme et a souvent révélé à l'artiste, qui s'ignorait lui-même, son génie et sa vocation.

Le Psaume des supplications, dont je donne ici le premier verset, a six parties, et est un de ceux que les fidèles chantent à l'église, pour implorer l'assistance du Tout-Puissant dans les grandes calamités. Ce fragment du Psaume des supplications est extrait des cantiques du xvie siècle, dont la musique est attribuée à Martin de Léopold.

Od powietrza, glodu zley woyny
Wybaw nas Panie.
Od nagley a niespodziewaney smierci
Zachoway nas Panie.
My grzesni Ciebie Boga pokornie prosimy
Wysluchay nas Panie.

De la tempête, de la famine, de la guerre injuste,
Délivrez-nous, Seigneur.
D'une mort subite et imprévue,
Délivrez-nous, Seigneur.
Pécheurs, nous vous en prions,
Exaucez-nous, Seigneur.

Jezu przepusc, Jezu! wysluchay, Jezu!
Zmilny sie nad nami,
Swiesta Maria! Matko, Boza,
Przyczyn sie za nami.
Swisty Boze! swiesty mocny! swiesty, niesmiertelny!
Zmilny siez nad navni.

Jésus, pardonnez-nous, Jésus, exaucez-nous,
Ayez pitié de nous.
Sainte Marie, mère de Dieu,
Priez pour nous.
Dieu saint, Dieu fort, Dieu immortel,
Ayez pitié de nous.

Vers à l'église cathédrale de Cracovie.

Près du palais des rois, la cathédrale antique
Elève dans les airs sa noble basilique.
Et parmi ces débris, le temple du Seigneur
Semble un port que le ciel présente à la douleur.
J'avance avec respect vers cette auguste enceinte,
Qui, des efforts du temps, paraît braver l'atteinte
Pour laisser à la mort l'utile soin d'offrir
Les siècles écoulés aux siècles à venir.
Sur ces autels sacrés, sous ces portiques sombres,
Je crois voir des héros les immortelles ombres;
J'évoque des tombeaux ces rois, qui, tour à tour,
Furent, de leurs sujets, l'espérance et l'amour.

Mieczyslas, aux chrétiens dont la croyance est chère;
Vladislas, Sigismond, et ce roi populaire
Qui dans tous ses sujets, voyant tous ses enfants,
Mérita le beau nom de roi des paysans;
Batory, cher aux arts, et cher à la victoire,
Jean trois, dont le Viennois a gardé la mémoire,
Et qui, ceint des lauriers conquis par sa valeur,
Dut le trône à sa gloire, et sa gloire à l'honneur.
Ainsi les arts en deuil me montraient d'âge en âge
Ces trésors de vertus, de talents, de courage,
Et ces tombes semblaient éloquemment m'offrir
Tout ce que l'espérance emprunte au souvenir!

PENSÉES MORALES.

Dieu a doté l'homme de raison, de volonté et de sensibilité; à ses facultés de l'âme, il a ajouté cinq sens extérieurs : les sens de la vue, de l'ouïe, de l'odorat, du goût et du toucher. Du bon ou du mauvais usage qu'il fera de tous ces dons dépend son bonheur, soit de cette vie, soit de la vie future.

Les ignorants croient tout voir et ils ne voient rien; ils n'aperçoivent tout au plus que de vaines ombres qui n'ont rien de réel.

Nous ne payons les bienfaits que par une vive reconnaissance.

Un homme indiscret est une lettre décachetée, tout le monde peut la lire.

Il est rare que nous nous réconcilions avec un homme qui a blessé notre amour-propre.

Rien ne plaît, rien n'agrée de la part de quelqu'un qu'on n'aime pas.

Il n'y a de véritablement esclave que celui qui se vend lui-même.

Nous connaîtrions bien mieux la nature, si nous l'étudions dans ses merveilles et non dans les livres.

L'homme projète toute sa vie et meurt sans jouir de ses projets.

Plus on approfondit l'homme, plus on y démêle de la faiblesse et de la grandeur.

Calypso trouvait une noblesse, une grandeur d'âme étonnante dans ce jeune homme qui s'accusait lui-même.

L'homme véritablement attaché à sa patrie sacrifie son repos et sa liberté pour la liberté et la félicité publique.

Tout est grand, dans le temple de la faveur, excepté les portes, qui sont si basses qu'il faut y entrer en rampant.

Le peuple a toujours les yeux et les oreilles ouverts pour découvrir les défauts des grands.

De toutes les créatures vivantes, l'homme est la seule qui n'ait pas sa face tournée vers la terre; il marche, ses yeux dirigés vers le ciel, comme pour indiquer la supériorité de son origine.

La vanité est de tous les sexes et de tous les âges; nous en mettons même jusque dans la misère et l'abjection.

Quelle que soit votre naissance, quelques grandes que soient vos richesses, souvenez-vous que vous frustrez les vues de la Providence, si vous n'en faites pas usage pour le bien de l'humanité.

La vertu, tout austère qu'elle est, fait goûter bien des plaisirs.

Il n'y a point d'absurdités qui ne trouvent des têtes toutes disposées à les recevoir.

Une femme ne peut guère être belle que d'une façon; mais elle peut être aimable de cent mille.

C'est un malheur que les hommes ne puissent posséder un talent sans donner l'exclusion à tous les autres.

Il nous coûte bien moins de remporter des victoires que de nous vaincre nous-mêmes.

Je suis tout ce qui a été, est et sera; jamais aucun mortel n'a levé le voile qui me couvre.

Les hommes les plus durs et les plus pervers ont souvent dans leur bouche les mots d'humanité et de morale.

Jésus-Christ ne mourut que pour rendre témoignage à la vérité; il fut son premier martyr.

Combien d'hommes ne semblent nés que pour eux-mêmes!

Pour un Platon dans l'opulence, pour un Aristipe en crédit, combien d'Homères et d'Esopes dans l'indigence!

Depuis Codrus, combien de héros ont été les généreuses et les sublimes victimes de l'amour de la patrie.

La vie serait bien courte, si l'espérance ne prolongeait sa durée.

Nous mourons tous les jours; chaque instant nous dérobe une portion de nous-mêmes et nous avance d'un pas vers le tombeau.

S'il est utile de se faire des amis, il l'est encore plus de ne point se faire des ennemis.

La bonne conduite des pères et mères est la bénédiction des enfants.

L'esprit ne tient lieu d'aucun talent, ni la vanité d'aucune vertu.

On est impardonnable de ne pas profiter des leçons, de l'exemple et de l'expérience d'autrui.

Que les passions nous rendent crédules, et qu'un cœur vivement touché se détache avec peine des erreurs même qu'il aperçoit.

Il ne faut pas juger des hommes comme d'un tableau, sur une seule et première vue; il y a un intérieur qu'il faut approfondir.

Il y a de l'ingratitude à ne témoigner de la reconnaissance des bienfaits qu'on a reçus, que pour en recevoir de nouveaux.

Les grands hommes entreprennent de grandes choses, parce qu'elles sont grandes, et les fous, parce qu'ils les croient faciles.

Comment un autre pourra-t-il garder notre secret, si nous ne pouvons le garder nous-mêmes?

L'honneur est mal gardé, lorsque la religion n'est pas aux avant-postes.

Ne demandons pas à un ami des choses indignes de l'honneur : car un ami est un autre nous-même.

On aime la réputation d'intégrité, mais on ne veut pas qu'elle coûte cher.

Animées du désir de devenir meilleures, les personnes bien nées se corrigent facilement de leurs défauts, lors même qu'elles y sont le plus sujettes.

Si nous n'avions pas tant d'orgueil, nous parlerions moins de celui des autres.

Les hommes aiment à rendre justice aux morts, soit qu'ils se flattent de l'espérance qu'on la leur rendra un jour, soit qu'ils aiment naturellement la vérité.

L'homme qui craint Dieu, qui connaît les moindres

secrets de nos cœurs, ne fait rien qui soit contraire à la vertu.

Un homme de mérite est un soleil dont les rayons échappent, brillent, éblouissent, à mesure qu'on s'approche d'eux.

L'oisiveté et l'amour excessif des plaisirs entraînent après eux tous les vices.

Comment se fait-il que les ouvrages de la nature sont si parfaits? C'est que chaque ouvrage est un tout, et qu'elle travaille sur un plan éternel.

L'on songe rarement que le temps, comme l'argent, peut se perdre par une avarice hors de propos.

Le grand Cyrus disait qu'on n'était pas digne de commander aux autres, à moins qu'on ne fût meilleurs que ceux à qui on donnait la loi.

Ceux qui commencent un procès plantent un palmier qui ne donne jamais de fruits à ceux qui l'ont planté.

Vous n'êtes pas ma fille; mais lors même que vous le seriez, je ne prendrai pas un intérêt plus vif à votre bonheur.

Ce qui me révolte le plus est de voir les riches s'enorgueillir de leurs richesses, comme si un lit doré soulageait un malade, et qu'une fortune brillante rendit un sot plus estimable.

Tel est l'avantage qu'ont les talents sur la beauté : celle-ci n'a qu'un temps pour plaire; ceux-la plaisent dans tous les temps.

Le plaisir le plus agréable est celui partagé avec des amis.

Il y a deux choses auxquelles il faut s'accoutumer, sous peine de trouver la vie insupportable : les injures du temps et les injustices des hommes.

On doit placer l'amour de la patrie au rang de ces vertus sublimes desquelles découlent tous les biens de la société.

On est heureuse quand on est mère et qu'on est adorée de ses enfants.

On n'aurait guère de plaisir, si on ne se flattait jamais.

La nature semble avoir départi des talents divers aux hommes, pour leur donner à chacun son emploi.

Toutes les dignités qui distinguent les hommes disparaissent avec la vie, et on pourrait mettre cette inscription sur la porte d'un cimetière : *Ici on est égaux.*

Une mère disait à sa fille : On n'est vraiment chérie de son mari et de ses enfants qu'autant qu'on remplit ses devoirs d'épouse et de mère.

Une femme peut être aimable sans beauté; mais il est bien rare qu'elle le soit sans un esprit cultivé.

Les seuls ouvrages qu'on lise avec plaisir sont ceux où l'on a soumis ses pensées aux règles de la raison.

Alexandre disait souvent : Je ne suis pas plus redevable à Philippe, mon père, qu'à Aristote, mon précepteur; si je dois à celui-ci la vie, je dois à celui-là la vertu.

Les petits esprits sont comme les bouteilles à goulots étroits, qui moins elles contiennent de liqueur, plus elles font de bruit quand on les vide.

Alexandre s'étant fait présenter la mère, la femme et les enfants de Darius, leur parla avec bienveillance.

La mort, comme la naissance, sont un mystère de la nature.

La fortune, de même que les dignités, rendent communément les hommes orgueilleux; mais c'est l'adversité qui les rend sages.

L'homme vertueux est celui que ni l'appât des richesses, ni la crainte de la mort, ne peuvent déterminer à commettre une action criminelle.

Sure- ty Boré sure-ty mocny sure ty á niesmiertelny zmilny sie nad-ma-mi.

Amélie d'Oginska,

([illegible] Religieuse.)

Bien écouter et bien répondre est une des plus grandes perfections qu'on puisse avoir dans la conversation.

Boire, manger, dormir, est le partage de la brute; penser avec liberté, sentir avec délicatesse, agir avec courage, est le partage de l'homme.

La douceur, l'affabilité, sont les caractères de la véritable grandeur.

On a peu d'amis lorsqu'on est malheureux; mais le petit nombre qu'on a en est que plus précieux.

Il y a deux choses qui perdent les hommes : ce sont l'abondance des richesses et l'abondance des paroles.

L'ignorance ou la partialité déguisent tout.

Dans tous les âges de la vie, l'amour du travail, le goût de l'étude, sont un bien.

Nous devons chérir extrêmement nos parents, puisque c'est d'eux que nous tenons la vie, la fortune et la patrie.

L'histoire est un théâtre où la politique, de même que la morale, sont mises en action; c'est là que les hommes n'ont plus de rang que par leurs vertus.

Platon dit que l'espérance est le songe d'un homme éveillé.

Malheur aux riches qui ont pu oublier qu'ils devaient aux pauvres une partie de leur fortune.

Antisthène disait que le propre des dieux était de n'avoir besoin de rien, et que les gens qui avaient le moins de besoins étaient ceux qui approchaient le plus de la divinité.

Au commencement du siècle où nous vivons, nous vîmes tant de choses si extraordiaires que la postérité aura peine à le croire.

Bion disait aussi que presque toujours les richesses l'avaient emporté sur le mérite.

Quel est l'homme qui n'a pas une trop haute idée de soi et une trop mince des autres?

Croyez-vous que le coupable dorme tranquille et qu'il puisse étouffer les remords dont il est déchiré?

Citez-moi un maître dont les leçons soient aussi profitables que celles de l'expérience?

Quoique les douceurs de la vie soient souvent le fruit des arts, elles ne sont pas toujours le partage des artistes.

L'ennui finira par vous gagner, à moins que vous ne variez vos occupations et vos amusements.

L'exemple d'une bonne vie est la meilleure leçon qu'on puisse donner au genre humain.

La jeunesse est le seul moment de la vie où l'homme peut se corriger facilement.

L'absence, qui sépare ceux qui vivent de ceux qui ne vivent plus, est trop courte pour se plaindre.

Les mourants qui parlent dans leurs testaments peuvent s'attendre à être écoutés comme des oracles.

L'homme bien né n'aime pas à contredire; mais il aime encore moins à flatter.

Un jeune homme qui aime à se parer vainement, comme une femme, n'est pas digne de la gloire.

Scipion aimait la gloire, mais il l'a cherchait dans ses actions et non dans les témoignages des hommes.

L'homme qui est le plus propre et le plus digne d'une place, n'est pas toujours celui qui l'obtient.

Tout, dans l'Univers, s'altère et périt; il n'y a que les écrits que le génie a dictés qui sont immortels.

L'honnête homme est estimé, même par ceux qui n'ont pas de probité.

Bias, l'un des sept sages de la Grèce, disait qu'il fallait se comporter avec ses ennemis comme si on voulait qu'ils fussent un jour nos amis.

Un jour, une heure, un moment, suffisent pour décider du bonheur ou du malheur d'un homme.

Dieu donne des richesses à quelques mortels indignes d'en jouir, afin qu'elles deviennent le supplice de leurs passions.

Savoir donner à propos, et refuser sans paraître dur, est un talent que tout le monde n'a pas.

Il y a peu d'hommes dont l'esprit est accompagné d'un goût sûr et d'une critique judicieuse.

Nous aimons mieux rester dans l'ignorance que de l'avouer.

Le flatteur, de même que le trompeur, sont également à craindre.

La bonté nous fait pardonner les uns et compatir aux peines des autres.

Il semble que de tout temps la vérité a eu peur de se montrer aux hommes, ou plutôt que les hommes ont eu peur de la vérité.

Les leçons les plus utiles que nous pouvons recevoir sont celles de l'expérience.

La vertu est le premier des biens; c'est d'elle seule que nous devons attendre le bonheur.

Il n'y a qu'un homme de bien qui puisse en former d'autres.

Sillacus disait que, pour réussir, il fallait méditer à loisir et exécuter promptement les choses qu'on avait projetées.

On pourrait appeler la politesse une bonté assaisonnée; c'est la bonne grâce ajoutée au bon cœur.

Les hommes passent comme les fleurs, qui, épanouies le matin, le soir sont flétries et foulées aux pieds.

Monsieur, disait un délateur à Louis de Bourbons, frère de Charles V, voilà un mémoire qui vous instruira de plusieurs fautes qu'ont commises contre vous des personnes que vous avez honorées de vos bontés. — Avez-vous aussi tenu un registre des services qu'elles m'ont rendus? répondit le prince.

Une mère ne regrette point les soins ni les peines que son enfant lui a coûtés.

Socrate dit à celui qui lui annonça que les Athéniens l'avaient condamné à mort : La nature les y a condamnés aussi.

Il est assez ordinaire aux personnes à qui le ciel a donné de l'esprit et de la vivacité d'abuser des grâces qu'elles en ont reçues.

Les hommes que Dieu avait créés innocents et parfaits se sont pervertis.

Appelés à rendre les peuples heureux, les monarques doivent être justes et bienfaisants comme l'Être éternel qui les a faits rois.

La nature s'est montrée sévère à l'égard de plusieurs peuples, comme envers beaucoup d'individus.

Confucius, en parlant des hommes, a dit : J'en ai vus qui étaient peu propres aux sciences; mais je n'en ai point vus qui fussent incapables de vertus.

Malheur à ceux qui estiment plus les richesses que la vertu; ils trouveront beaucoup d'amis, mais ils auront encore plus d'ennemis.

Rien de plus aisé que de se venger d'une offense; rien de si grand que de la pardonner : c'est la plus belle victoire qu'on puisse remporter sur soi-même.

Un doux sommeil enchaînait mes sens, quand tout d'un coup je crus voir Vénus qui fendait les nues dans son char conduit par deux colombes.

L'homme vain méprise les talents qu'il n'a pas; et s'il n'en a aucun, il les méprise tous.

L'honnête homme est celui qui fait tout le bien qu'il peut et qui ne fait de mal à personne.

Tous les maux sont, depuis long-temps, hors de la boîte de Pandore; mais l'espérance est encore dedans.

Il faut rire avant d'être heureux, de peur de mourir avant d'avoir ri.

Heureux les princes et les peuples dont les lois sont assez sages pour ne pas laisser aux méchants ni excuse, ni prétexte.

S'est-il passé un seul jour sans que Dieu nous ait donné une leçon par quelqu'un de ses grands exemples?

Chacun dit du bien de son cœur, et personne n'ose en dire de son esprit.

Il ne faut être ni avare, ni prodigue; il faut se renfermer dans les bornes d'une sage économie.

La religion vous défend d'insulter aux malheureux et de leur refuser votre assistance.

Jetez les yeux sur toutes les nations du monde; entre tant de peuples différents par les mœurs et par le caractère, vous trouverez partout les mêmes idées du bien et du mal.

Voici trois choses qu'on peut regarder comme le mobile des actions des hommes : l'intérêt, le plaisir et la gloire.

Juger les autres avec la dernière rigueur, se pardonner tout à soi-même, voilà deux maladies mortelles qui affligent le genre humain.

La patrie a des droits sur vos talents, vos vertus et vos actions.

Un homme bienfaisant ressemble au soleil, qui ne trafique point de sa lumière, mais qui l'épanche sans ambition, sans avarice, et qui n'a jamais rien exigé des astres et de la terre depuis qu'il la leur donne.

Rien ne peut enfler et éblouir les grandes âmes, parce que rien n'est plus élevé qu'elles.

Quoiqu'il n'y ait rien de si naturel à l'homme que d'aimer et connaître la vérité, il n'y a rien qu'il aime et qu'il cherche moins à connaître et à aimer.

On peut dire généralement que plus les hommes sont sages, plus ils sont estimés; et plus ils sont vertueux, plus ils sont indulgents pour les défauts d'autrui.

La simplicité plaît sans étude ni sans art.

Il nous est difficile de nous connaître, parce que nous ne sommes presque jamais semblables à nous-mêmes.

Choisis pour ton ami l'homme que tu connois pour le plus vertueux; ne résiste pas à la douceur de ses conseils et à la force de ses exemples.

Le prince peut vous donner des titres de noblesse; mais votre mérite seul vous ennoblira.

Diminuer ses rapports avec les hommes et les augmenter avec les choses, voici la vraie sagesse, et c'est à la campagne que vous la trouverez.

La jeunesse étant capable de toutes sortes d'impressions, bonnes ou mauvaises, il importe de la bien diriger.

Celui qui consomme sa jeunesse dans des plaisirs insensés, doit s'attendre à une vieillesse pénible et anticipée.

Une loi de Lycurgue défendait d'éclairer ceux qui sortaient d'un festin, afin que la crainte de ne plus retrouver leur chemin empêchât qu'ils s'enivrassent.

Il y a deux choses sur lesquelles les hommes n'entendent pas raillerie : l'amour-propre et le bonheur.

Il y a deux choses qu'on ne saurait fixer en face : le soleil et la mort.

Les bons exemples ont cet avantage qu'ils se répandent comme un parfum sur tous ceux qui en sont spectateurs, et qu'ils sont une instruction vivante pour ceux qui veulent les imiter.

La présence d'un homme qui a fait de grandes actions en impose plus que les discours les plus éloquents.

Les riches ne sont pas aussi heureux que nous croyons; la société empêche qu'ils jouissent d'aucun plaisir.

On peut dire qu'un égoïste n'a pas de vertus; et pourquoi en aurait-il, puisqu'elles ne lui serviraient à rien.

Sur mille personnes, il y en a à peine sept à huit qui réunissent un esprit droit à une âme élevée.

Un jeune libertin voyant un vieil ermite passer auprès de lui nu-pieds, lui dit: « Mon père, vous êtes dans un triste état, s'il n'y a pas un autre monde. » Cela est vrai, mon fils, répondit l'ermite, en le fixant sévèrement; mais quel sera le tien s'il y en a un?

Alexandre était encore jeune lorsqu'il s'écria, en fixant une statue d'Achille: O Achille! que tu es heureux d'avoir eu un ami fidèle pendant ta vie et un poëte comme Homère après ta mort!

La véritable piété élève l'esprit, ennoblit le cœur, affermit le courage.

Qui ne sait être ni père, ni mère, ni fils, ni ami, n'est pas homme de bien.

Plus je rentre en moi, et plus je lis ces mots écrits dans mon âme: Sois juste et tu seras heureux.

Trajan avait pour maxime qu'il fallait que ses concitoyens le trouvassent tel qu'il eût voulu trouver l'empereur s'il eût été simple citoyen.

Ne vous repentez jamais des services que vous avez rendus à un ami; il faudrait plutôt rougir de ne lui en avoir pas rendus.

Le meilleur remède contre l'ennui, ce sont des occupations qui se succèdent sans interruption les unes les autres.

Dans le Gouvernement, l'auguste appareil de la puissance royale en impose aux sujets: un sceptre, une robe de pourpre, une couronne ou un diadème, rendent plus vénérable celui qui est investi de l'autorité suprême.

Le sage voit les passions se presser autour de lui sans pouvoir effleurer son cœur.

La noblesse est comme la flamme qui se communique, mais qui s'éteint dès qu'elle manque d'aliments. — Rappelez-vous votre naissance, puisqu'elle vous impose de grands devoirs; rappelez-vous vos ancêtres, puisqu'ils sont pour vous des exemples qu'il vous importe d'imiter.

Il y a bien des gens qui voient le vrai et qui ne peuvent jamais l'atteindre.

Le propre de la folie est de voir les défauts des autres et de ne pas se rappeler les siens.

L'agriculture et le commerce sont également utiles dans un Etat: celui-ci nourrit les habitants, celle-là enrichit.

C'est dans l'organisation et le caractère de l'homme que se trouvent les principes du bonheur.

Les libertins ont beau faire les esprits forts, ils tremblent plus que les autres quand ils sont près de mourir.

Le plus grand des défauts qu'un homme peut avoir est de s'en croire exempt.

Il y a deux sortes d'ambitions: celle d'amasser de la fortune et celle d'acquérir de la gloire; il y a peu de gens qui les aient toutes deux.

Rien ne choque autant un homme de mérite que les applaudissements des sots.

Le plus ingénieux de tous les maîtres est celui dont les leçons sont les plus goûtées.

Il faut souvent observer aux enfants que rien ne contribue davantage à l'économie et à la propreté que de tenir chaque chose à sa place.

Il est deux avantages que l'envie ne cherche jamais à contester: la richesse à l'homme généreux et la mémoire aux gens d'esprit.

Il n'y a que ceux qui ne craignent pas la mort qui savent

jouir de la vie. Le moyen le plus efficace qu'on peut employer pour se guérir de cette crainte est de vivre sans reproche.

Une pauvre femme alla trouver plusieurs fois Philippe pour lui demander audience; comme il la lui refusait toujours, elle lui dit : « Je viens vous demander justice ; si vous n'avez pas le temps de me la rendre, cessez donc d'être roi. » Alors Philippe la satisfit de suite.

César ne croyait pas que le mérite des belles actions qu'il avait faites lui donnait le droit de se reposer ; il s'honorait plutôt de ce qu'il avait à faire que de ce qu'il avait fait.

C'était un beau serment que celui prononcé par les soldats de Fabius; ils ne jurèrent pas de mourir ou de vaincre : ils firent serment de revenir vainqueurs et ils le tinrent.

La vertu est un bien qui s'accroît en se communiquant; plus il est répandu dans un grand nombre de mains et plus la part de chacun est grande.

Phocion, un des hommes qui illustrèrent le siècle d'Alexandre, adressa les paroles suivantes à un jeune homme qui parlait plus vanité que bon sens : « Jeune homme tes discours ressemblent aux cyprès, qui sont grands et hauts, et ne portent point de fruits.

Rien n'est plus admirable et plus héroïque que de puiser son courage dans le sein des disgrâces mêmes, et de revivre à chaque coup qui devait donner la mort.

Après les dieux, de qui les bonnes lois viennent, rien ne doit être si sacré et plus digne du respect des hommes que les lois destinées à les rendre bons, sages et heureux.

Ce n'est pas les places qui honorent les hommes, mais les hommes qui honorent les places.

Il semble, aux murmures des impatients mortels, que Dieu leur doit la récompense avant le mérite, et qu'il est obligé de payer leurs vertus d'avance.

Si Dieu n'a pas écrit dans les nuages : Espérez ou craignez, il l'a écrit dans nos cœurs.

Il n'y a que le coupable qui doit s'effrayer du soupçon.

Quoique invisibles, il est toujours deux témoins qui nous fixent : ce sont Dieu et la conscience.

Ce sont le courage et la force qui fondent les empires; mais ce sont les vertus qui les affermissent.

On commettrait bien moins de fautes, si on pensait qu'on a Dieu pour témoin.

Oh! soyons bons premièrement et puis nous serons heureux; n'exigeons pas le prix avant la victoire, et le salaire avant le travail. Ce n'est point en entrant en lice, disait Plutarque, que les vainqueurs de nos jeux sacrés sont couronnés, mais après qu'ils ont remporté la victoire.

On ne peut contempler le soleil, à moins qu'un léger nuage ne tempère son éclat, ni admirer la plupart des qualités, si la modestie ne leur sert de voile.

L'équivoque la mieux concertée est aussi criminelle aux yeux de la Divinité que le mensonge le plus grossier.

Celui qui fait injure à quelqu'un est plus à plaindre que celui qui la souffre.

Le langage de l'homme hypocrite n'est jamais susceptible d'une seule interprétation ; sa langue et son cœur ne sont jamais d'accord.

Beaucoup de têtes sont comme ces salons où la lumière mal dirigée forme de faux-jours.

Plus nous nous appliquerons à connaître les merveilles de la nature et plus nous admirerons en elles la sagesse de celui qui, après les avoir créées, les soutient et les conserve.

Les méchants peuvent paraître heureux, mais ne croyez

pas qu'ils le soient; s'ils ont le sourire sur leurs lèvres, ils ont la mort dans leurs cœurs.

Entre toutes les choses dont la connaissance est nécessaire à l'homme, celle qui doit l'occuper davantage est, sans contredit, la connaissance de soi-même.

L'irréligion et le mépris des lois sont les avant-coureurs de la ruine d'un Etat.

L'amour-propre est un ballon gonflé de vent dont il sort des tempêtes quand on lui fait une piqûre.

Destinés à vivre avec les hommes, il faut montrer de l'indulgence pour leurs faiblesses et de la compassion pour leurs malheurs.

Le bonheur est la seule chaîne qui peut attacher les hommes l'un à l'autre.

Faites du bien aux hommes et vous serez béni : voilà la vraie gloire.

Il y a deux morales, l'une passive et l'autre active : la première défend qu'on fasse du mal; la seconde commande qu'on fasse du bien.

L'exemple d'un grand homme en impose, et est imité par tous ceux qui ont dans l'âme quelque élévation.

Le bien qu'on fait n'est jamais perdu; si les hommes l'oublient, Dieu se le rappelle et le récompense.

Il faut suivre la fortune dans ses caprices, la corriger quand on peut.

L'esprit ne cède qu'à la lumière; une toute autre manière de l'éclairer ne produit que les préjugés et l'ignorance.

Il y a peu de plaisir qui ne soit acheté trop cher.

Dès qu'un homme est à craindre, on ne cherche plus qu'à l'adoucir, le flatter ou le tromper.

Un sage a dit que l'instruction était un trésor et que le travail en était la clef.

Celui qui ne fait aucun frais est rarement aimable.

Un homme est maître de la vie des autres quand il compte pour rien la sienne.

Les livres sont des conseillers muets qui instruisent et corrigent sans aigreur et sans flatterie.

Il y a un esprit de contradiction dans les hommes qui les porte à se contredire les uns les autres.

La conversation doit être comme ces jeux où les joueurs jettent leurs cartes chacun à leur tour.

Il y a deux vertus qui excitent l'admiration des hommes : la bravoure et la libéralité.

La première vertu que Dieu inspire aux hommes, c'est celle de cacher toutes les autres.

L'esprit, les talents, le génie, procurent la célébrité; la vertu seule donne la félicité.

Il n'y a pas d'ami plus fidèle qu'un bon livre.

Il n'y a point d'esprit là où il n'y a pas de raison.

Les secrets de la nature sont cachés; le temps les révèle d'âge en âge.

Une belle femme plaît aux yeux; une bonne femme plaît au cœur : celle-là est un bijoux, celle-ci est un trésor.

Pourquoi les personnes très-généreuses dans l'indigence sont-elles très-avares dans l'opulence? C'est que l'or, comme les liqueurs fortes, augmente la soif.

Avec le sentiment de la Divinité, tout est grand, noble, agréable, dans la vie la plus étroite; sans lui, tout est faible, déplaisant et amer, au sein même des grandeurs.

L'homme véritablement libre est celui qui, dégagé de toutes craintes et de tous désirs, n'est soumis qu'à sa raison et aux décrets de la Providence.

La vérité seule est la lumière de notre esprit, la règle de notre cœur, la source des vrais plaisirs, le fondement de nos espérances, la consolation de nos craintes, l'adoucissement de nos maux, le remède à toutes nos peines. Elle seule est la source de la bonne conscience, la terreur de la mauvaise, la peine secrète du vice, la récompense antérieure de la vertu; elle seule immortalise ceux qui souffrent pour elle, attire des honneurs publics aux cendres de ses martyrs et de ses défenseurs, et rend respectables l'abjection et la pauvreté de ceux qui ont tout quitté pour la suivre; enfin, elle seule inspire des pensées élevées, forme des âmes héroïques, des sages seuls dignes de ce beau nom.

Il y a trois choses que l'on ne connaît que dans trois occasions : le courage, à la guerre; la présence d'esprit, au moment du danger; l'amitié, dans l'infortune.

Il y a trois sortes d'ignorance : ne rien savoir, savoir mal ce qu'on sait; et savoir autre chose que ce qu'on doit savoir.

Désires-tu apprendre à bien mourir, apprends auparavant à bien vivre.

La jeunesse est la fleur de la nation tout entière; c'est dans la fleur qu'il faut préparer le fruit, et c'est en veillant sur l'éducation des enfants qu'ils deviennent des hommes utiles à eux-mêmes et à leurs semblables. Qu'on leur apprenne donc dès leur enfance à détester l'injustice, le mensonge, l'ingratitude, et à fuir toutes ces délices qui amollissent les hommes. Qu'ils apprennent à être fidèles à leurs promesses, tendres pour leurs amis et compatissants vis-à-vis de tous les hommes; qu'ils craignent plus les reproches de leur conscience que les tourments et la mort.

MONUMENT DE COPERNIC.

L'astronomie est, pour ainsi dire, la science éternelle; elle captive les esprits profonds, elle séduit la multitude. Qui n'est pas frappé à la vue des merveilleuses beautés de l'univers céleste! Qui ne voudrait connaître la marche et le mouvement de cette infinité de mondes!

Cinq siècles avant l'ère chrétienne, Hipparque de Bithynie ouvrit la première voie aux observations astronomiques; vers le milieu du dixième siècle de notre ère, Claude Ptolémée, célèbre astronome de l'école d'Alexandrie, composa un recueil qui renfermait toutes les découvertes éparses des Chaldéens et des savants Grecs qui l'avaient précédé dans la même école. Ce grand homme posa pour premier principe que la terre ne pouvait avoir aucun mouvement. L'ouvrage de Ptolémée fut traduit par les Arabes, et passa des bords du Nil aux rives de l'Océan et du Gange; transporté depuis en Espagne par les Arabes, il se répandit dans tous les pays où les sciences étaient cultivées.

Le moment devait arriver où l'esprit humain, asservi par le prestige et l'erreur, briserait ses entraves. La découverte du vrai système du monde devait donner une autre impulsion à l'Univers. Messie de la science, Copernic apparut!

Il se livra tout entier à la contemplation du ciel, il s'appliqua, comme il le déclare dans son épître au pape Paul III, à l'examen approfondi et rigoureux de tous les principes et hypothèses astronomiques. Il posa d'abord une question qui ne pouvait être résolue que par son génie. Figurons-nous, dit Copernic, dans l'épître citée plus haut, un assemblage des membres détachés du corps humain qui appartiendraient à des individus d'une taille et d'une conformation différentes. Si l'on s'avisait d'en composer un tout organisé, la disproportion des parties, leurs diverses configurations, présenteraient, dans un rapprochement discordant, l'aspect hideux d'un monstre, plutôt que la forme régulière de la figure humaine. — Voilà, continue-t-il, les traits sous lesquels s'offrait à mes yeux l'édifice de l'astronomie ancienne. L'explication des mouvements célestes m'y présentait à chaque pas des écueils où venaient se briser les opinions généralement reçues. Des suppositions favorables à certains cas, et ne pouvant

Kopernik.

s'ajuster à d'autres, tantôt adoptées, tantôt forcément interprétées, tantôt abandonnées, loin d'éclairer la marche du raisonnement, jetaient autant de confusion dans les choses que d'obscurité dans l'esprit. Elles écartaient la conviction en prêtant à l'ouvrage merveilleux de la nature toutes les couleurs de la bizarrerie. Que devais-je penser d'un tel échafaudage, enveloppé d'un nuage épais, s'affaissant et s'écroulant de toutes parts sous le poids des contradictions et des difficultés, sinon qu'il portait sur une base frêle et caduque.

A ces questions, aussi intempestives que hardies, prononcées devant le chef de l'église, qui, tenant à la terre la parole de Josué, avait le pouvoir de jeter l'anathème contre le blasphémateur du fameux passage de l'Ecriture Sainte, Copernic s'attirait toutes les foudres sur la tête, lorsqu'il osa proclamer, dans son immortel ouvrage des révolutions des orbes célestes, des vérités éternelles et immuables de la science des astres, et annoncer le premier la plus grande des révolutions.

Il avait donc prononcé cet arrêt immuable, que le soleil est une étoile fixe, entourée de planètes qui roulent autour d'elle, et dont elle est le centre et le flambeau; qu'outre les planètes principales il en est encore de second ordre qui circulent d'abord comme satellites autour de leurs planètes principales, et, avec celle-ci, autour du soleil; que la terre est une planète principale assujétie à un triple mouvement; que tous les phénomènes du mouvement diurne et annuel, le retour périodique des saisons, toutes les vicissitudes de la lumière et de la température de l'athmosphère qui les accompagnent, sont des résultats de la rotation de la terre autour de son axe, et de son mouvement périodique autour du soleil; que le cours apparent des étoiles n'est qu'une illusion d'optique produite par le mouvement réel de la terre, et par les oscillations de son axe; qu'enfin le mouvement de toutes les planètes donne lieu à un double ordre de phénomènes qu'il est essentiel de distinguer, dont les uns dérivent du mouvement de la terre, les autres de la révolution de ces planètes autour du soleil.

S'élevant ainsi au-dessus de toutes les connaissances, le génie de Copernic planait sur l'immense cahos, et méditait le plan d'une composition régulière et sublime. Sa perspicacité transcendante perça et sonda en quelque façon tout l'abyme de l'éternité; il a servi de guide aux générations qui l'ont suivi. Il brisa l'antique charpente grossière et y substitua le mécanisme simple tiré du mouvement de l'axe de la terre, qui devint ensuite la source de grandes découvertes.

L'ouvrage des révolutions des orbes célestes, envisagé dans ses détails et dans son ensemble, atteste et prouve invinciblement cette vérité, que Copernic commença d'abord par embrasser et réunir dans sa tête toute la masse des connaissances astronomiques, depuis Hipparque jusqu'à son temps; qu'il les a soumises à l'examen sévère, à l'épreuve du raisonnement et des faits; et, dans ses méditations longues et profondes, il reconnut les défauts et les erreurs de l'ancienne doctrine. Il s'empara ensuite de l'idée du mouvement de la terre, en pénétra les rapports les plus éloignés, parcourut avec elle les travaux et les observations de dix-neuf siècles. La réflexion profonde et recueillie, en comparant les phénomènes et en saisissant leurs rapports, lui fit voir les mouvements célestes sortir de cette idée, et réciproquement cette idée naître et résulter de l'inspection des mouvements célestes.

Il est certain, à la vérité, que, d'après le témoignage de Cicéron, que Copernic cite lui-même, plusieurs savants de l'école de Pythagore, nommément Héraclyde, Esophante et Nicetas, de Syracuse, avaient déjà énoncé l'opinion du mouvement de rotation de la terre; que, d'après Plutarque, Philolaus, célèbre par ses connaissances en mathématiques, et dont la réputation avait engagé Platon à faire un voyage en Italie pour le visiter, avait même attribué à la terre un mouvement périodique autour du soleil; qu'enfin Aristarque, de Samos, qui avait précédé Ptolémée de quatre siècles dans l'école d'Alexandrie, avait eu également, comme l'atteste Archimède, une notion de ce mouvement annuel. Cependant, ce n'était qu'une idée vague, jetée par hasard, approfondie par personne, et noyée dans une foule d'opinions absurdes. On n'y trouva aucun passage qui présentât cette opinion appuyée de quelques preuves, développée dans ses conséquences, et éclaircie par son application aux phénomènes. L'idée du mouvement de la terre, jetée çà et là dans les ouvrages des écrivains grecs, fut peut-être acquise dans les voyages de leurs philosophes, comme un reste de la science antique, mais si le développement de cette idée n'a pas été poursuivi, ni même entamé dans la fameuse école d'Alexandrie, pourvue de tous les secours mécaniques de son temps et livrée aux observations des astres, il ne pouvait pas l'être par les sectes philosophiques occupées de discussions purement métaphysiques; et, en supposant que cette idée faisait partie de mystères religieux, dérobés soigneusement à un peuple vif et superstitieux, l'histoire nous atteste que le dépôt et la conservation d'un tel mystère n'ont point franchi l'époque du christianisme. — Donc Copernic ne pouvait ressusciter une doctrine qui n'existait dans aucun ouvrage connu des anciens.

Ce grand homme aperçut le premier l'éclair de la vérité dans une idée généralement repoussée, proscrite et méconnue; il en avait saisi toute l'étendue et presque créé toute la grandeur, lorsqu'il en tira toute la structure et l'arrangement du système solaire, et qu'il en déduisit l'explication de toutes les bizarreries dans le mouvement des planètes; il a basé son développement sur un amas d'observations anciennes et modernes, s'étayant sur ses propres travaux et sur ceux des générations précédentes; enfin, par la justesse et la profondeur de ses conceptions, il est parvenu à distinguer les illusions et les apparences des mouvements réels, et à séparer, pour ainsi dire, la lumière des ténèbres.

Quand on se place en idée au siècle où il vécut, on ne peut suivre sans admiration et sans une sorte de volupté son exposition du mouvement annuel de la terre, où, après avoir établi le parallélisme de son axe, il en déduit avec tant d'ordre et de clarté les vicissitudes et le retour périodique des saisons. En lisant ce chef-d'œuvre, à la perfection duquel les écrits des anciens n'avaient été d'aucun secours, comme les lumières nouvelles n'ont rien pu ajouter, il semble que la nature lui ait dévoilé elle-même les merveilles de sa simplicité. Les principes de mécanique ou de la science du mouvement étaient encore à naître; ils attendaient Galilée, Kepter, Huyghens, Newton, pour être conçus et dévoilés; ils attendaient Euler, Clairaut d'Alembert, Lagrange, Laplace, Arago, pour être appliqués, développés et étendus.

Ainsi, dès que toutes ces observations conduisirent à la connaissance positive du mouvement de la terre, il s'ensuivit donc de là tout l'ordre et la division de l'astronomie en mouvements périodiques, en mouvements de rotation et en oscillations, auxquels sont assujétis les axes de rotation de toutes ces planètes. Le système de Copernic, bien médité et approfondi, ouvrit la carrière aux recherches et

donna le fil d'un grand nombre de vérités qui se suivaient par un enchaînement nécessaire. L'astronomie lui doit le vaste plan des travaux qui ont embrassé les recherches des modernes, et qui guideront encore les efforts des générations futures.

L'homme qui illustra par son genie la patrie qui l'a vu naître, a toujours trouvé, dans ses compatriotes, l'admiration qui lui était due. En 1581, c'est-à-dire trente-huit ans après le décès de Copernic, Martin Kromer, célèbre historien polonais, élevé au siége épiscopal de Warmie, témoigna son respect à la mémoire de Copernic, en faisant graver sur sa tombe, dans l'église cathédrale de Fraoemburg, l'inscription suivante :

D. O. M.
R. D. NICOLAO COPERNICO THORUNENSIS
ARTIUM ET MEDICINÆ DOCTORI
CANONICO WARMIENSI
PRÆSTANTI ASTROLOGO ET EJUS DISCIPLINÆ
INSTAURATORI
MARTINUS CROMERUS, EPISCOPUS WARMIENSIS,
HONORIS ET AD POSTERITATEM MEMORIÆ
CAUSA POSUIT.
ANNO CHRISTI M. D. LXXXI.

Près de trois siècles plus tard, en 1766, le prince Joseph Jablonowski, palatin de Nowogrodek, lui fit élever un monument à Thorn, sa ville natale, dans le palatinat de Culm.

En 1809, l'abbé Sébastien Sierakouski fit élever un monument, en l'honneur de Copernic, dans l'église académique de Sainte-Anne, à Cracovie. Le père de l'illustre astronome était citoyen de cette ville. Le buste du grand homme est couronné par Uranie. Sur une demi-sphère, placée en haut, on lit une inscription polonaise dont je donne la traduction :

La Pologne enfanta l'homme
Qui arrêta le soleil et fit mouvoir la terre.

Sur le disque du soleil, on lit ces mots :

Sta Sol ne moveare.

Et au-dessous :

Sapere auso.

Sur la base sont gravés ces mots :

Nicolaüs Copernicus, patriæ, urbis
Universitatis decus, honor, gloria.

Cette dernière inscription est entourée des armes de la république polonaise, et de celles de la ville et de l'université jagellonne de Cracovie.

En 1819, on frappa à Paris des médailles en l'honneur des hommes célèbres de toutes les nations. Ce travail était confié aux soins de Durand. Celle de Copernic portait une erreur sur l'inscription ; on lui donnait l'Allemagne pour patrie. Mais, en 1820, Andrien Krzyzanowski, professeur de l'université de Varsovie vint à Paris, et fit refrapper par Barre une autre médaille, qui corrigeait l'erreur de la première.

Dans ces monuments que le patriotisme polonais ou l'admiration des étrangers avaient élevés à Copernic, n'oublions pas le témoignage de la société des Amis des Sciences de Varsovie; au mois de mai 1801, elle proposa la question suivante, par l'organe de son président Jean Albertrandy : « En payant un juste tribut d'éloges à la mémoire de Copernic, montrer ce que lui doivent les sciences mathématiques, nommément l'astronomie, dans le siècle où il vécut. — Quel parti il a tiré des travaux de ses prédécesseurs? comment il en a profité? à quelles sources il a puisé? apprécier enfin l'influence de sa doctrine sur l'état actuel de ces sciences en Europe. »

Ces graves questions furent résolues par Jean Sniadecki, professeur de mathématiques et d'astronomie à l'université de Cracovie et de Wilna, et plus tard recteur de cette université.

Grand astronome, profond mathématicien, célèbre littérateur, c'est avec de pareils titres que Sniadecki écrivit sa savante et judicieuse dissertation.

Elle fut depuis traduite en français par Pengoborski, en anglais par Brénan, en russe par Anastarewicz, en italien par Zaydler, et en allemand par Joleler et Westphal.

L'ouvrage de l'illustre Sniadecki est un monument plus durable que ceux élevés en bronze; il a constaté l'origine polonaise de Copernic, il a développé son système avec une lucidité qui frappe tous les esprits. La Pologne était intarissable de témoignages d'admiration pour le génie qui l'a illustrée. La société des Amis des Sciences, ne croyant pas avoir assez fait, voulut que sa ville capitale possédât une statue de Copernic. Une souscription fut ouverte, et le célèbre sculpteur Thorwaldsen fut chargé du travail.

50,000 florins manquaient pour remplir la souscription; ils furent donnés par le savant et philantrope Stanislas Staszic. L'ouvrage de Thordwadsen, transporté de Rome à Varsovie, en 1829, fut coulé en bronze, et inauguré solennellement le 11 mai 1830. Tous les membres de la Société, présents à Varsovie, furent invités à se réunir au palais de leurs séances. — Sniadecki, résidant à Wilna, reçut une lettre particulière, adressée par le président; mais son âge, et l'éloignement de la capitale, l'empêchèrent d'y assister.

A dix heures du matin, toute la Société se rendit à l'église de Sainte-Croix; et, après cette pieuse cérémonie, elle se dirigea vers le monument placé dans la rue du faubourg de Cracovie. Au milieu d'un immense concours, le président de la Société, Julien Ursin Niemcewicz, prit la parole et improvisa le discours suivant :

« Près de trois siècles se sont écoulés depuis l'époque où Copernic, après avoir indiqué le mouvement du globe, descendit dans la tombe, et son génie n'a point encore obtenu tous les hommages qu'il méritait. Mais la mémoire des grands hommes ne peut périr; tôt ou tard la postérité les récompense. — Celui qui a consacré sa vie et sa fortune au soulagement de l'humanité et à la propagation des lumières, feu Stanislas Staszic, notre président, a conçu, le premier, l'idée d'une souscription pour élever un monument à notre immortel compatriote Copernic. Une statue a été modelée par le sculpteur Thorwaldsen, et coulée en bronze par MM. Grégoire, de Varsovie. Les dons patriotiques du vertueux Staszic ont secondé puissamment nos vœux; et ce travail s'est fait par les soins de notre Société. Nous appellions le jour solennel où ce monument serait exposé à l'admiration publique; les rayons du soleil vont éclairer l'image de celui qui a puisé sa science dans la contemplation du ciel. » — On découvre la statue; le soleil perce les nuages qui l'obscurcissaient, et reflète ses rayons sur le monument. — « Tu te présente, ô grand homme! s'écrie l'orateur; toi, la gloire et l'éclat de notre terre, tu vas la protéger; que ton esprit inspire et anime le pays qui t'a vu naître..... Heureux, mille fois heureux, d'avoir pu, au déclin de ma vie, voir cette auguste cérémonie. »

Après cette improvisation, les artistes du théâtre national, placés sur le balcon du palais de la Société, exécutèrent une cantate composée par Charles Kurpinski. Voici la traduction littérale des vers polonais :

« Salut, fils de la terre!
Toi qui as mesuré le cours des mondes,
Tu as pris ta place parmi les élus,
Et ta vertu obtient sa récompense.
Et toi, astre bienfaisant, lance sur lui tes rayons :
Sois l'auréole de son front auguste ;
Le mouvement des corps!... sublime mystère,
Qu'il sut deviner et expliquer.
Que toute la terre redise, avec la Pologne :
Gloire au grand homme,
Gloire à Copernic,
Gloire à la Pologne, qui l'a vu naître! »

Pour perpétuer la mémoire de cette inauguration, la société des Amis des Sciences chargea son compatriote, Wladysla Oleszczynski, de graver une médaille. Elle fut exécutée à Paris. — D'un côté, elle représente le monument de Copernic ; et de l'autre côté, elle porte l'inscription suivante :

Nicolæ Copernico, Jagellondum ævi, civi Polono alumno. Acad. Craco., immortalis gloriæ societatis regiæ Varsov., decreto monumentum nec dum perenne. M. D. CCC. XXX.

Maintenant, l'empereur Nicolas, non content d'avoir fait jeter dans ses cachots, ou exiler dans les déserts de la Sibérie, de malheureux Polonais, ne veut pas que ceux même qui sont morts soient à l'abri de ses vexations. Il n'a pas voulu laisser en paix, dans sa patrie, la statue de ce grand homme; il la fit transporter à St.-Pétersbourg, et la fit aussitôt briser, afin que rien de grand ne pût rappeler le souvenir de la Pologne.

Aujourd'hui, nous en avons un exemple. L'empereur Nicolas, non satisfait d'avoir fait éprouver aux malheureux Polonais toute espèce de tortures et de vexations, veut encore les forcer, sous peine d'exil, à renier leur religion catholique, apostolique et romaine, pour se jeter dans le schisme; et cependant nous avons tout sacrifié pour cette religion, nous avons empêché que l'Europe devînt la proie des Turcs.

Qu'il se lève le souffle du Dieu d'Israël, et l'impie qui se rit de nos douleurs ne sera plus!

COUP-D'ŒIL HISTORIQUE

Sur la Musique profane, danse et chant de polonaise.

La musique a, pour l'homme, des charmes qu'en vain il chercherait ailleurs. Une joie démesurée s'est-elle emparée de votre âme, de mélodieux accords viennent aussitôt vous rendre à vous-même. Vous sentez-vous, au contraire, défaillir sous les coups de l'infortune, la musique pourra encore retremper votre courage et vous rendre la vie supportable. Elle excite les guerriers aux combats, et elle aide les blessés à mourir avec calme et courage. Par elle, la joie renaît dans les cœurs; par elle, le travail est rendu agréable, même à la paresse, et l'union est rétablie entre des cœurs ennemis.

Mais les dangers de la patrie appellent-ils les citoyens généreux aux armes, oh! comme les sons bruyants de Mars vont ranimer leur courage!

Orphée a chanté, et Corab, le premier, se précipite sans trembler au milieu des vagues mugissantes de la mer sur un frêle vaisseau. Il chante encore, et ses accords mélodieux entraînent les guerriers au milieu des combats, et les changent en autant de demi-dieux. Ils s'arment de leurs épées flamboyantes, les brandissent dans leurs mains, et font retentir les cieux, les mers et les rochers de leurs triomphantes acclamations : aux armes! frères, aux armes!

Notre musique populaire est le miroir fidèle de l'existence morale de la nation polonaise.

Les airs nationaux qui consacrent les époques glorieuses de l'histoire, portent tous l'empreinte du passé tempéré par les exigences du temps.

Ainsi, pour commencer par les polonaises, nous trouvons dans les motifs de ces danses, ou marches dansantes, beaucoup de grâce et une certaine étiquette de cour auxquelles le mouvement à trois temps, 3/4, ajoute beaucoup de noblesse.

Francon, de Cologne, dans son ouvrage : *Franconis Musica et cantus mensurabilis*, soutient que le mouvement à trois temps est le plus parfait, parce que, dit ce pieux docteur, il est l'emblème de la Sainte Trinité.

L'histoire de l'art musical ne nous apprend pas si les premières polonaises étaient écrites avec les paroles, ou si elles ont été ajoutées depuis, comme cela est arrivé pour la polonaise Kosciuszko. Je donne ici trois genres de polonaises qui se rattachent aux époques mémorables de la Pologne contemporaine.

1° La polonaise du 3 mai, adaptée aux paroles relatives à la promulgation de 1791, est une des plus anciennes que nous connaissions, les paroles ont été faites postérieurement à 1791. — La mélodie que je donne a été altérée par le temps, son début a un caractère d'originalité remarquable ; son mouvement doit être accentué.

2° Polonaise Kosciuszko, ou des adieux. Elle fut dédiée à ce grand citoyen, lorsque en 1792 la nation prit les armes pour défendre l'œuvre de la constitution du 3 mai. La polonaise de Kosciuszko est d'un rhythme tout particulier ; mais sa mélodie est très-populaire. — Il est probable que la musique est beaucoup plus ancienne que les paroles ; elles ont été appliquées en 1792, à l'époque de l'émigration de Kosciuszko.

3° Polonaise d'Oginski. Elle porte aussi le titre de chant du cygne, ou le partage de la Pologne ; elle fut composée, mais sans paroles, par Michel-Cléophas Oginski, en 1793, à l'époque du second partage de la Pologne. Cette polonaise, si adorable d'expression, devint bientôt populaire dans toute l'Europe. Son chant est si mélancolique et si empreint de désespoir, qu'il inspira sur l'auteur même une fable lamentable. On disait qu'Oginski l'avait composée avant de se brûler la cervelle. Oginski vécut quarante ans après l'avoir composée, et mourut à l'âge de soixante-huit ans.

Les airs populaires modernes sont un trésor d'inspiration pour les poëtes et les musiciens, et depuis quelques années, les chants nationaux polonais ont trouvé de l'écho en Europe.

Tout le monde connaît ces polonaises tendres et mélancoliques, ces mazureks vifs et accentués, ces krakowiak si gais, si animés, et ces délicieuses rêveries méridionales appelées Dumka, dont les mélodies simples et sauves font couler de douces larmes.

Espérons que cette mine féconde sera exploitée un jour, et notre opéra national aura son cachet particulier, une physionomie empreinte d'idées neuves qui sera comme un reflet harmonieux de tout ce qu'il y a de noble et d'élevé dans le caractère polonais.

La polonaise, par sa coupe, son mouvement et sa période finale, mérite l'attention des connaisseurs.

Les anciennes polonaises, du temps de Sobieski, n'étaient pas chantées ; ce n'est que depuis les rois de la maison de Saxe que cet usage s'est introduit.

On ne peut préciser l'époque où on a commencé à les danser, du moins à figurer cette sorte de danse grave qui consiste à se promener en rond, en changeant de main avec sa dame. A tout âge, on est obligé de prendre part à cette danse; le couple le plus respectable de la société ouvre la marche et les autres suivent.

Le costume des anciens Polonais ajoutait beaucoup à la beauté du coup-d'œil. Ce costume, dont le seul défaut est d'être trop coûteux, réunissait toute la magnificence de l'Orient, au luxe du moyen-âge; il convenait parfaitement aux seigneurs riches, bien faits, et d'un embonpoint convenable.

Le cavalier, ayant son sabre au côté, et après avoir drapé les manches flottantes du kontusz, offre la main à sa dame avec une certaine dignité, et se tient toujours éloigné d'elle à une distance respectueuse, tout en faisant les figures. A chaque temps fort de la mesure, le cavalier frappe du pied légèrement, tourne sa moustache de la main gauche, et marche sur la pointe du pied.

Dans plusieurs cours de l'Europe, l'usage d'ouvrir le bal par la polonaise s'est conservé jusqu'à nos jours.

Les polonaises avec paroles ont une coupe différente de celles qu'on joue sur le piano à grand orchestre; elles varient selon la longueur des paroles. Le mouvement ternaire ajoute beaucoup à la majesté de leur début, lequel doit être de quatre en huit mesures, très-souvent même on finit avec la fin de la mesure en appuyant sur la note faible. Cette manière paraît bizarre tout d'abord; cependant, la phrase mélodieuse a tant de charme que l'oreille est satisfaite: c'est là le vrai cachet de la polonaise; il sent tant soit peu le moyen-âge; mais les compositeurs modernes ne l'ont point dédaigné. La forme de la polonaise sans paroles est toute poétique. C'est un petit cadre charmant où le compositeur peut traiter une pensée profonde et la rendre tour-à-tour tendre ou passionnée, suave ou mélancolique, selon que son génie l'inspire. Après un exorde brillant et noble, vient un cantabile dont le chant doit être gràcieux et facile: il ne peut durer que huit mesures. On l'enchaîne à un premier forte, qui finit dans le ton, ou, selon le caprice de l'auteur, passe à la dominante ou à un ton relatif.

L'artiste fera des modulations de manière à laisser désirer la seconde reprise, qui suivra immédiatement la première, laquelle finira par la terminaison d'usage. Le motif de cette première partie deviendra l'idée fondamentale du morceau entier; la seconde partie sera d'un effet tout opposé. Le compositeur peut donner un libre cours à son imagination: il fera plusieurs sorties dans les tons de la gamme, et commencera, par des transitions habiles, le retour du premier cantabile, par lequel la polonaise finit à moitié dans le ton primitif. Le compositeur doit résumer ses inspirations pour trouver un autre chant, espèce de cabaletta, qui commencera la troisième reprise appelée trio. Ici,

POLONAISE DU 3 MAI
arrangée pour Piano par Albert SowinsKi.
Piano
s'est le vœu de la pa-tri-e pour ses fre-res pour son roi Chacun veut don

ner sa vi - e mourir s'il faut pour la loi
f
sf
mf

POLONAISE KOSCUISZKO

qui pleureraient à tes à dieux
toi quaimaient à res-pecter — les tristes compa-
gnons d'armes que tón départ va couter de vrais regrets et de larmes
dim
fp
Fin

Trio
que lon dé part va couler de vrais regrets et de larmes
sf
f
f
dim

toi qu'aimaienta respecter
tes tris tes Compa — — gnons d'armes

POLONAISE

Composée par le Comte Oginski.

dim esmarz
p
D C

d'après l'usage, et en suivant les traditions, le mode mineur doit être employé de préférence, à moins que la polonaise ne commence en mineur. Le chant du trio doit exprimer le calme, la douceur, la résignation : c'est le dernier beau jour de la vie. L'âme de l'artiste s'agite dans tous ses replis, mille pensées tristes le tourmentent : il suit une même idée, il la développe et arrive enfin dans le ton religieux de la médiante à la quatrième reprise, c'est-à-dire à la strette du morceau ; elle doit faire opposition avec la précédente, par une transition brusque. Des marches vigoureuses dans la basse indiquent que le génie du mal s'agite à son tour, mais qu'il sera vaincu encore une fois par le retour de la mélodie. Le chant mélancolique du trio ramène le calme ; la phrase finale apparaît comme un dernier rayon, et la polonaise finit par un dacapo général.

Tous les compositeurs célèbres ont intercalé des polonaises dans leurs opéras, en gardant plus ou moins sa forme primitive. Gluck, Paesiello, Chérubini, Cimarosa, Weber, Rossini, ont employé cette forme avec leurs belles inspirations.

Les compositeurs instrumentistes, comme Weber, Moscheles, Humel, ont adopté ce mouvement pour les morceaux de piano, avec le développement du concerto, en conservant le titre *alla Polacca;* ce genre de musique est maintenant popularisé dans toute l'Europe. En Pologne, on l'aime plus dans sa simplicité, et les amateurs puristes donneraient les plus belles modulations de l'école allemande pour une mélodie facile basée sur l'accord parfait et celui de la dominante, pourvu qu'on leur conservât le fion (zaciencie), que les compositeurs polonais savent si bien rendre.

Le succès prodigieux des polonaises d'Oginski s'explique par cette raison : il a su être peintre et poète, d'après les idées du pays ; il parle à l'âme par des mélodies délicieuses, à la pensée par l'expression vraie de sa musique, à l'esprit par une forme élégante et gracieuse, au patriotisme en saisissant le vrai caractère national. La polonaise en *fa*, que nous reproduisons ici, est le modèle du genre.

COUP-D'ŒIL HISTORIQUE

SUR LE CHANT DE CRACOVIE.

Les Français passent, en général, pour le peuple le plus chansonnier du monde. Cet heureux peuple, dit Rousseau, excelle dans l'art de composer des chansons, sinon pour le tour et la mélodie des airs, au moins pour le sel, la grâce et la finesse des paroles.

Les Polonais rivalisent en cela avec leurs anciens frères d'armes; la gaieté du peuple des environs de Cracovie égale celle des habitants de la Provence et du Languedoc. La Krakowiak est une création spontanée des Polonais : le nombre de ces chansons s'étend à l'infini, et beaucoup sont inspirées par l'amour; d'autres sont la peinture des mœurs champêtres; puis, enfin, d'autres sont consacrées à la gloire et à la beauté; et toutes procurent à l'âme de tendres et pénétrantes émotions. La Krakowiak, malgré son origine populaire, se chante dans tous les salons polonais; c'est qu'elle est l'expression pure et complète de la poésie nationale. Son genre net, sa coupe en quatre vers, recèlent des sentiments, des images, des pensées sublimes; souvent les deux premiers vers semblent n'avoir point de liaison avec les deux suivants; cependant, il y a toujours une allusion cachée ou une plaisanterie, d'autant plus piquante qu'elle lance des traits d'une façon détournée. Parmi le grand nombre qui naissent et meurent chaque jour, quelques-unes sont palpitantes d'intérêt; celles surtout où deux images, dissemblables au premier coup-d'œil, s'harmonisent en quelque sorte par une comparaison fine et spirituelle. Le premier vers est ordinairement un tableau de la nature; le second, une pensée ou un sentiment qui se rattache plus ou moins à l'inspiration du début. Cette poésie, sans art et si riche d'imagination, est fille de la nature et de la vie patriarchale.

En Pologne, l'homme du peuple est toujours gai quand c'est pour lui qu'il travaille, quand ses peines et ses fatigues profitent à ses enfants; vif, content, heureux, en voyant le résultat de ses travaux, il chante, et ses chants expriment les joies de son âme. Les femmes chantent aussi en cultivant la terre, et elles disent que la voix est plus retentissante en plein air. Leurs chansons sont presque toujours courtes; elles respirent l'amour du pays : alors ces chants deviennent suaves et pénétrants. Le voyageur, en parcourant la Pologne, entend, le soir, des rêveries mélodieuses, à notes longues et soutenues, qui frappent délicieusement son oreille. Ces mélodies, sans paroles et si expressives, sont moins tristes, cependant, que les Dumki de l'Ukraine. Dans les Dumki, c'est le désespoir sans espérance.

Les paroles des Krakowiaks sont rimées; mais sans une observation bien rigoureuse des règles de la poésie, on y emploie très-fréquemment les diminutifs : cet usage est consacré dans la langue polonaise.

Les noms propres, avec leurs changements de terminaison et les diminutifs, donnent beaucoup d'élégance à certaines phrases; le peuple s'en sert quand il veut soigner son langage ou témoigner du respect.

Les Krakowiaks dialoguées sont les interprètes des amants; par elles, ils expriment leurs désirs et leurs espérances. En suivant l'ordre primordial, c'est toujours le jeune homme qui commence; sa partie finit à la première reprise, et sa maîtresse lui répond ensuite. Quelquefois ils chantent tous deux ensemble.

Pendant la danse, il arrive que le jeune homme improvise des couplets en l'honneur de sa bien-aimée; mais tout ce qu'il exprime a toujours plus d'esprit que de retenue.

Les Krakowiaks des montagnards (Goral) des environs de Cracovie, ont plus de descriptions locales; cette antique capitale pare de ses souvenirs glorieux les chansons du peuple.

Cet attachement pour la nouvelle Sion se retrouve dans toute la Pologne.

Cracovie est comme le sanctuaire de tous les grands événements nationaux; aussi cette ville parle à l'âme et à l'imagination du peuple.

La ville sainte fournit d'inépuisables sujets aux Krakowiaks : sa gloire, ses malheurs, son antiquité historique, sont retracés dans ces chants.

Cracovie est une autre Jérusalem, berceau d'un peuple libre !...

Hélas! a-t-elle encore soixante-dix ans à souffrir! mais toujours en gardant la foi qui soutient et l'espérance qui guide?

Chanson Cracovienne.

I.

Jestem Krakowiaczek po Francyi chodze,
Chodziem nieszczesliwy na Olimpe godze;
J deszczyk mnie moczy, lecz slonce wygrzewa
J chociaz strudzony iednak sil nie zbywa,
J czy w dzien czy w nocy piosenke se nuce
J mam te nadzieie, ze do Tarbes powroce.

II.

Secail przyiacielu, przyiacielu mily,
Urodzony w Bertren dodales mi sily;
Dodales pomocy, podales mi reke,
Za ktora ci skladam publiczne podzieke;
Przyymi ie odemnie drogi przyiacielu,
Be podobnych tobie nie znam ci ja wielu.
Cnota to Laurence wyniosla Biskupem,
A ty w krotkim czasie bedziesz kanunikiem.

III.

Lamole poczciwy, iesles wzorem ludzi,
Godnym professorem, a kazdy to widzi,
Przypatrzcie sie ludzie jak cnotliwi mili
Daja slabszym pomoc, aby z niemi zyli.

I.

Je suis Cracovien, je fais de petits voyages en France; quoique je sois un malheureux exilé, je fais les plus beaux rêves. J'éprouve beaucoup de peines, la pluie me mouille, et le soleil me sèche et me donne la force. Je suis toujours content, et je chante ma chanson les jours et les nuits, et j'ai l'espoir de revenir à Tarbes qui m'est si chère.

II.

Secail, mon cher ami, né à Bertren, tu m'as donné des secours, tu m'apportais ta main amicale. Je te fais mes remerciements en public. Reçois-les, mon cher ami, il n'y en a pas beaucoup de pareils à toi. La vertu de Laurence a fait qu'il est Evêque, et toi, tu seras bientôt chanoine.

III.

Lamole! ah! que tu es un bon et honnête homme; tu es un modèle des hommes, tu es un digne professeur, comme tout le monde le sait. Hommes, réfléchissez bien et tâchez d'imiter les vertueux en faisant comme ils font. Ils donnent la main aux plus faibles et ils les secourent pour qu'ils puissent vivre ensemble.

IV.

Mieszkancy Francyi, i coz mi powiecie:
Czylisz nie pracuie ? wy sami widzicie;
Pracuje, pracuje na téy waszéy ziemi,
Bom swoie utracil z rodakami memi.
J pietnasty roczek jak iestem wygnancem
A wy sami wiecie, kto iest winowaycem.

IV.

O habitants de la France! vous ne pouvez dire que je ne chèris pas le travail, car vous me voyez occupé. Mon Dieu! je travaille sur votre terre hospitalière; car j'ai perdu la mienne, avec mes compatriotes, depuis quinze ans, et je suis exilé, et vous savez quelle est la cause de ce malheur!

Chanson Cracovienne à la Polka.

I.

Tancuymy dziewczeta z naszemi, chlopaki,
Zniemi wolnosc swieta daléy Krakowiaki,
Podkowkami ogién krzescie,
Niech zabrzeknie kolek dwiescie,
U kazdego pasa,
Hop sasa, hop sasa.

II.

Pomoszcie nam w chasach i wy oycze starzy,
Co o dobrych czasach slodko wam sie marzy;
Pamietaia Raclawice,
Nasze kosy i klonice;
A pod Lipskiem w klosy
Biegaly Krakusy.

I.

Vous, jeunes filles, livrez-vous à la joie en dansant avec nos jeunes gens. Nous sommes des Cracoviens. Nous aurons un jour notre liberté! Dans nos danses, que les étincelles sortent des talons de nos jeunes gens, et qu'à leurs ceintures sonnent mille anneaux (1). Vivons dans l'espérance, ne perdons pas courage!

II.

Et vous, nos vieux pères, qui nous rappelez si souvent les heureux temps passés, assistez à nos danses. Vous nous rappelez la bataille de Roclavice, alors que l'on combattit pour la liberté avec des faulx et des fourches. Vous nous rappelez aussi qu'à Leipsik les Cracoviens volèrent courageusement au combat.

(1) Par une coutume nationale chez les Cracoviens, les hommes portent une ceinture garnie d'une foule d'anneaux, et des bottes dont les talons sont entourés de fer, de sorte que lorsqu'ils dansent et qu'ils frappent les pieds l'un contre l'autre, le choc du fer produit un grand nombre d'étincelles, et les anneaux de leur ceinture s'agitent en faisant entendre un son argentin.

III.

Nayprzod woytowa dziawucha,
Zagraycie skrzypki od ucha;
A chuczna Maryna
Niech wtory wyrzyna.

IV.

Niech sie szczyca obce kraie,
Ze potega moc im daie;
A my niewolnemi
Choc na wielkiéy ziemi.
Tancuycie dziewczeta, tancuycie chlopaki
Z wami wolnosi swieta daléy Krakowiaki.

III.

Toi, la belle fille du maire, commence la danse; vous, musiciens, jouez la Cracovienne, et toi, la jolie Marie, tu chanteras les couplets.

IV.

Les autres nations se vantent et se flattent que leur puissance ne connaît pas de bornes, et nous, dans notre vaste pays, nous sommes des esclaves!

Jeunes gens, jeunes filles, dansons, et ne perdons ni le courage, ni l'espoir, car nous serons libres un jour!

La nouvelle Polka.

La Polka, oui, voilà
Une danse qui plaît en France;
La Polka, oui, voilà
Ce que long-temps on dansera.
Tra, la, la, etc.

Danse des plus gracieuses,
Danse qui long-temps plaira.
Les danseurs et les danseuses
Adorent tous la Polka.
Paris est plein de polkistes;
Qui pourrait donc s'en moquer?
Sages, fous ou moralistes,
Au bal aiment à polker.

Cette danse polonaise
Est certes d'un bien bon goût,
Et bientôt, ne vous déplaise,
On la dansera partout.
Plus de boleros et même
De galops, de cachucha.
Pologne, pays qu'on aime,
Doit faire aimer la Polka.

Messieurs, lisez les affiches,
Partout vous lirez : Polka.
Dans peu, pauvres, comme riches,
Ne danseront que cela.
Et puis, pour être à la mode,
Plus d'un Français, désormais,
Trouvera bon et commode
D'imiter les Polonais.

Souvent l'on vit mettre en danse,
Par de vaillants Polonais,
Les ennemis de la France,
Comme auraient fait des Français.
Notre danse est différente
Des danses de ce temps-là;
Aussi voyez comme on vante
En tous lieux notre Polka.

PAR CARLE DE WARINSKI

TRIO
Dolce
Ped:
Ped:
Ped
8va
Loco
f
Ped:

Cres- cen- do
Ped:
Ped
ff
Ped:
Gres- cen- do
FIN.

Grazioso.
Ped:

LE KRAKOVIAK

danse nationale du peuple Polonais.

COUP-D'ŒIL HISTORIQUE

Sur la Musique, la Danse et le Chant de Mazurka.

L'origine de ce nom vient de la Mazovie, une des plus anciennes provinces de la Pologne.

La Mazurek (Mazurka), sous le rapport des effets moraux, est capable de remuer l'âme fortement; sa mélodie éveille l'amour de la patrie; son rhythme guerrier excite au plus haut degré les sentiments ardents de la jeunesse; en entendant ce chant national, toute la Pologne s'est levée en masse. On a vu des batteries formidables enlevées au refrain du chant de Dombrowski, et ce chant admirable, si inspirateur pour les enfants de la Pologne, portait la terreur dans les rangs de l'ennemi. Toutes ces merveilles, tous ces sublimes miracles de patriotisme, se sont vus de nos jours, dans un pays qui ne possède ni des Orphées, ni des Amphions, ni ville aux cent portes, mais où ces seuls mots :

» Non, non, tu ne périras pas,
O Pologne chérie ! »

font battre tous les cœurs et armer tous les bras, et cette vieille terre qui couvre tant de héros, ce pays témoin de si glorieux malheurs, fut encore une fois rappelé à la vie; l'aigle blanc secoua son plumage d'argent; les ombres de nos pères tressaillirent du fond de leurs tombeaux, et un silence de mort succéda tout à coup, mais pour quelque temps seulement, à l'harmonie qui vibrait encore au cœur.

La Mazurek se prête admirablement à l'expression des sentiments doux et tendres; elle est tantôt gracieuse, tantôt mélancolique, tantôt vive et enjouée, et toujours pleine de charme, par sa mélodie fraîche et accentuée; elle est la compagne de la vie intime, où elle peint les objets extérieurs avec cette grâce qui la caractérise. C'est par elle que le laboureur exprime sa douce sérénité, que le proscrit peint l'espoir de sa délivrance, que la jeune fille pleure ses amours et ses regrets, et la fiancée, son bonheur et ses espérances! Cette mélodie reflète fidèlement tous les sentiments du cœur.

La Mazurka, sous le rapport de l'estétique, mérite aussi l'attention des connaisseurs; on y trouve de l'invention et des effets de rhythme très-originaux. La variété de modulations et la richesse d'harmonie y sont remarquables. Le mouvement qui lui est propre est difficile à rendre, surtout pour les étrangers. Le second temps de la mesure doit être marqué et accentué légèrement, quelquefois même on le prolonge un peu en glissant sur le troisième temps, les ports de voix abondent dans les Mazureks d'expression, et il y a un certain laisser aller tout de grâce qui ajoute beaucoup à l'originalité piquante du mouvement rhythmique. On ne doit jamais lier le premier et le second temps en une seule note : un chant fortement conçu et énergique est le meilleur pour les Mazureks dansantes.

La Mazurek est l'air favori des Polonais; comme danse et comme chant, elle fait les délices des salons et des chaumières. Si la Krakowiak est plus répandue parmi le peuple et chez les montagnards, la Mazurek appartient à la nation tout entière; le monde élégant de la Pologne en a fait sa danse de prédilection; car elle a toute la grâce de la bonne compagnie, et peut rivaliser avec les danses les plus élégantes de l'Europe. Cependant, la difficulté de saisir le vrai caractère national s'oppose encore à sa naturalisation plus universelle dans le reste de l'Europe. Plus d'une fois, le monde, avec ses ailes de papillon, a essayé de la transporter dans la société fashionable de Paris, de Londres, de Florence; mais le nombre des cavaliers qui savent bien la danser est trop restreint pour qu'elle puisse se répandre dans tous les bals.

Nous donnons ici une simple analyse des Mazureks modernes, et surtout de celles dont l'origine est populaire, sans suivre rigoureusement l'ordre chronologique. On trouvera, dans les planches ci-jointes, la musique de chacun de ces airs.

La Mazurek, la plus originale, la plus empreinte d'un caractère particulier, est le *Chmiel ;* c'est un chant nuptial très-ancien; les deux reprises sont d'un genre tout opposé. Les paroles de la première sont des allusions adressées à un nouveau marié; l'expression de ce chant est très-remarquable. La seconde reprise commence tout à coup en *sol* majeur, tandis que le ton de l'air est en *la* mineur : cette transition hardie produit de l'effet. Le sens des paroles est un piquant persiflage sur l'état du nouveau marié. L'harmonie de cet air n'est pas toujours la même ; plusieurs célèbres compositeurs ont essayé d'en faire une à leur façon. Le passage à la médiante, dans la première partie, est gracieux à l'infini.

Lorsque le célèbre Hummel vint à Varsovie, on lui présenta pour thème d'improvisation l'air de Chmiel, c'est-à-dire on lui donna le chant sans la basse. Hummel, comme on le pense, improvisa en grand maître, mais il ne put jamais trouver la basse véritable. (*Voyez le n°* **1.**)

Rien n'exprime mieux le calme, le repos, l'innocence de la vie pastorale, que la Mazurek en *ré* majeur, n° 2; sa mélodie facile respire la sérénité; la seconde reprise conviendrait plutôt à un refrain. Le motif de cette mazurek ressemble beaucoup, dans son début, à l'air de Freyschutz ; l'expression de cette musique rend bien le bonheur du moissonneur qui pense à sa belle en suivant ses travaux :

La moisson m'appelle,
Et je vais aux champs
Former en javelle
Mes blés jaunissants ;
Puis après le jour,
A mon retour,
J'irai dans la prairie
Cueillir une fleur jolie
Pour parer Marie.

Poniatowski.

airs Nationaux el Populaires
arrangés pour Piano par Albert Sowinski.
chmiel, chant Nuptial.
p
sf
p
plus animé
mf
rall

Jas i Kalina
mf
f
1
f
P
rall

le Laboureur

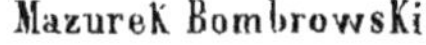

Mazurek Bombrowski

le 3 Mai
Gres
sf
p
sf

WIELKOPOLANIN
la Grande Pologne N° 6
f
sf
sf
sf
sf
PODLASKI
de la Poldaquie N° 7
len
len
tr
p
len

f
p
f
Cres
Kusawiak
sf
sf
sf
sf
p
f
Cres

Oberlas
…stique
9
Chant des hommes
Chant des jeunes filles

Le chant du laboureur, n° 3, exprime une gaieté douce; le rhythme en est remarquable. La seconde reprise surtout peint si bien la résignation et le courage des laboureurs polonais. Ils aiment de toute leur âme cette terre chérie, qu'ils ont si souvent arrosée de leur sang. Dans les jours de danger, ils courent les premiers à la défense de la patrie; ils font des prodiges de valeur, et après les combats ils reprennent tranquillement leurs travaux rustiques : eux, ils ne pensent point aux récompenses.

La Mazurek Dombrowski, célèbre par l'enthousiasme qu'elle inspire aux Polonais, et si chère par ces paroles prophétiques :

Non, non, tu ne périras pas,
O Pologne chérie!
Nous ravirons par cent combats
Ta puissance flétrie,
Dombrowski, courrons,
Et quittant l'Italie,
Bientôt nous reverrons
Notre belle patrie.

est un chant de guerre d'une grande et incontestable beauté. Quelques personnes l'attribuent à Wybicki, mais généralement on croit qu'il appartient à une époque plus ancienne. En 1797, à l'époque de la formation des légions polonaises, en Italie, il fut adopté par les troupes. Voici les circonstances qui se rattachent à ce fait. On cherchait une marche guerrière pour les légions polonaises commandées par Dombrowski; Joseph Wybicki, un des principaux organisateurs de légions, composa des paroles, à la hâte, sur l'ancienne Mazurek, ou, comme on dit aussi, sur la musique qu'il fit lui-même, et il les chanta dans une réunion qui eut lieu à Reggio. Les Polonais accueillirent avec acclamation les paroles et la musique; aussitôt le chant national reçut une double consécration; les légions polonaises l'adoptèrent, et les paroles, par leurs patriotiques expressions, se répandirent dans toute la Pologne. La Mazurek Dombrowski est le chant de guerre et le chant du peuple; on l'appelle Jeszcze polska nie zginela. Symbole mystérieux d'une existence indestructible, l'expression de la musique est à la fois guerrière et religieuse; l'amour de la gloire et la piété qui espère ont inspiré ce chant qui sert merveilleusement de marche aux troupes. Quoique sa mesure soit à trois temps, rien n'est plus fait pour animer l'ardeur du soldat. Les deux premières mesures de la deuxième reprise sont d'un beau caractère; la troisième mesure, avec un accord parfait en *ut*, produit un effet plus éclatant; mais si on suivait rigoureusement les traditions du peuple, cet accord devrait être de la septième dominante sur le *ré* de la basse; la cinquième mesure de la même reprise est toute de grâce et d'expression, et la fin de l'air répand un baume d'espérance. Cette Mazurek, exécutée en chœur bien nourri, est d'un effet pénétrant en harmonie militaire; elle excite toujours dans les troupes les plus vives émotions. Dans la première partie de la troisième mesure, l'accord parfait en *ré* attaqué avec précision sur le second temps, est d'un bel effet. Le mouvement de cet air ne doit pas être trop vif, excepté en musique militaire. Les paroles en ont été traduites dans toutes les langues de l'Europe, et la musique est mise maintenant au nombre des plus beaux chants patriotique. (*Voyez le n° 4.*)

Le 3 mai est une Mazurek moderne; elle rappelle une époque chère et glorieuse pour les Polonais. Stanislas Doliva Starzynski, l'un de nos meilleurs poètes, né en

Podolie, avait fait, en 1829, des paroles qui ont inspiré cette charmante musique. Voici le premier couplet :

Frère, viens au bois tranquille,
Viens jouir d'un si beau jour.
Loin du fracas de la ville,
Nous chanterons tour à tour.
C'est le mai, le mois de mai :
La prairie est fleurie;
C'est le mai, le mois de mai:
Aux champs tout devient plus gai.

Parmi les Mazureks de danse, il y en a plusieurs d'une originalité piquante, les meilleures sont celles dont le chant est fortement accentué. Sous ce rapport, les Mazureks de la grande Pologne doivent l'emporter sur toutes les autres. Le rhythme a une allure décidée et pleine d'énergie ; celles de la Podlaquie sont généralement écrites dans le ton mineur : leur harmonie a quelque chose de plus pénétrant, et la phase mélodique est toute originale. Les Mazureks de la Kujavie ont encore une coupe différente, elles ont un mouvement décidé et gracieux ; la première phrase est souvent de trois mesures. L'oreille est frappée tout d'abord par ce rhythme singulier ; puis on est séduit par la marche rapide du mouvement. (*Voyez les nos* 6, 7, 8.)

La haute classe a beaucoup perfectionné les figures de la Mazurek ; mais le peuple la danse encore dans sa simplicité primitive. Le n° 9 est un de ceux que l'on joue dans les bals champêtres ; quelquefois un seul violon compose tout l'orchestre, et ses accents rustiques animent toute une bande de jeunes garçons et de jeunes filles. Une exécution énergique et des fions qui ne manquent ni de verve, ni de goût, suppléent aux autres instruments. La reprise en *la* de cette Mazurek peut se chanter aussi : les hommes commencent après le prélude en *ré*, et les jeunes filles répondent en chœur ou à l'unisson. Cette manière est aussi adoptée dans les Krakowiaks.

Comme tous les peuples slaves, la Pologne a un goût très-prononcé pour la danse. La Mazurek se danse partout; elle commence ainsi, un premier couple conduit et dirige les figures, et chaque couple les répète. — Elle offre quelque ressemblance avec les quadrilles français, abstraction faite des pas et des mouvements, mais il y a bien plus de bizarrerie et de gaieté dans la Mazurek.

Nous empruntons la description suivante à la plume gracieuse et pleine de charmes de Kazimir Brodzinski, poète et prosateur du premier ordre, il fait un piquant parallèle des deux danses. En voyant danser la Mazurek et la contredanse, on serait tenté de dire qu'une française cherche à plaire par la danse, et qu'une polonaise plaît en s'abandonnant à sa gaieté de jeune fille ; sa grâce est toute naturelle, l'art n'y a rien ajouté.

La taille de la danseuse française nous rappelle les créations idéales de la sculpture grecque, mais la polonaise rappelle (du moins aux yeux des Polonais) une bergère créée par l'imagination ardente des poètes ; autant la première nous charme, autant la seconde nous attache. Si la danse est de nos jours le triomphe des femmes, la Mazurek a réservé aux hommes quelques compensations : un jeune cavalier qui a de la souplesse et de l'élégance dans les formes peut devenir l'âme et le héros de cette danse.

Une mise légère est propre à faire ressortir tous les avantages des femmes ; quant aux hommes, je ne vois rien de préférable à l'habit d'uniforme polonais. Les mouvements du corps changent rapidement chez le danseur, qui doit éviter toute affectation, s'abandonner à sa grâce naturelle, et donner un certain laissé-aller aux épaules, qui doivent avoir une pleine liberté et se plier selon l'expression si variée de la Mazurek.

Le coup de talon du cavalier, l'enthousiasme qui l'anime, guident les différents mouvements de la tête qui est tantôt levée, tantôt baissée sur la poitrine, ou s'inclinant doucement vers l'épaule; toutes ces poses peignent à l'envie une abondance de joie et de vie. En voyant un couple, en regardant cette jeune fille presque portée sur les bras de son danseur, appuyée sur son épaule, et s'abandonnant à son guide, on croit voir deux êtres ivres de bonheur et s'envolant vers des régions fortunées. La danseuse, avec son vêtement gracieux, son petit pied, touche à peine la terre; elle suit d'abord son premier cavalier, puis enlevée successivement par les autres, elle revient comme un éclair dans les bras du premier, et présente l'image du ravissement et du bonheur.

Les principales figures de la Mazurek sont le rond, la grande-chaîne, le changement de dames (odbyanego), le moulinet, et celle ou le cavalier met un genou en terre pendant que sa danseuse tourne autour de lui, sont dans le nombre des plus anciennes; une autre, où le cavalier danse avec deux dames à la fois, est très-gracieuse. On distingue deux pas principaux, le chassé général et le pas de tour de mains qui est très-difficile pour les cavaliers français. Il y a dans la Mazurek un grand nombre de figures, et on les varie comme dans le cotillon. Pour que cette danse soit complète, il faut nécessairement quatre couples; mais quand on dépasse ce nombre, les figures durent trop long-temps.

Il y a toujours une teinte mélancolique dans la mélodie des airs de Mazurek chantants et dansants, et ce charme est fort goûté des Polonais.

Une Mazurek est comme un chagrin d'amour : triste, mais d'une tristesse qui plaît.

Chant de Mazurka.

I.

O czem zes sie zamyslala Marya moia,
Marya moia.

II.

O tem ia sie zamyslala ze bede twoia
Ze bede twoia.

I.

Que penses-tu, ma chère Marie?
Ma chère Marie.

II.

Je pense que je serai à toi,
Que je serai à toi.

III.

Ty bedziesz moia Marya, ty bedziesz moia
Skoro mi sie zasieweczki w polu dostoia.

IV.

Ja bede twoia Franusiu, ia bede twoia
Bo iuz na to dobra mama zezwoli moia.

V.

Ty ze mnie szydzisz Marya, ty ze mnie szydzisz
Ty mnie tylko w tenczas kochasz, kiedy mnie widisz.

VI.

Ja z ciebie szydze Franusiu, ia z ciebie szydze
Ja cie i w tenczas nie kocham kiedy cie widze.

VII.

A czy zes ty przepomniala cos powiedziela ?
Przy pagorku tey doliny, ze bedziesz chciala.

VIII.

Pamietam ia owo slowko, owe doline
Jezli mi cie Bog przeznaczyl to cie nie mine.

III.

Tu seras à moi, Marie, tu seras à moi quand ma récolte sera mûre.

IV.

Je serai à toi, François, je serai à toi; car ma mère a donné son consentement.

V.

Tu te joues de moi, Marie, tu te joues de moi; car tu ne m'aime que quand tu me vois.

VI.

Je me joue de toi, François, je me joue de toi; car je ne t'aime pas même quand je te vois.

VII.

As-tu donc oublié que tu me dis un jour au pied de la colline, que je coulerai mes jours avec toi ?

VIII.

Je me souviens de ce que je dis un jour au pied de la colline.... et si Dieu m'a destinée à toi, oui, je serai à toi !

LE PRINCE JOSEPH PONIATOWSKI.

Un des noms les plus populaires en France est celui de Poniatowski, après celui de Napoléon, qui, comme le soleil, brillait sur tout l'Univers; je le répète, je n'en vois pas de plus populaires. Il a pénétré dans les chaumières, dans les villages les plus reculés; ces êtres, heureux de leur ignorance, heureux d'échapper à tous les événements du globe, ont entendu parler de Joseph Poniatowski. Cette renommée est commune à la France et à la Pologne; c'est encore un de ces liens sympathiques qui unissent les deux nations.

Les traits de Poniatowski ont été reproduits par le génie des premiers artistes; mais la plus belle apothéose ne vaut pas les modestes gravures qui ornent le réduit.

Je donnerai, dans la seconde édition de mon travail, de plus amples détails sur la vie du Bayard polonais; aujourd'hui, je rappellerai les derniers instants de sa belle existence.

Dans la campagne de 1813, Poniatowski commandait un corps d'armée composé de Polonais et de Français. Ce corps fut toujours placé à l'avant-garde.

Le 16 octobre, Napoléon fit annoncer dans tous les rangs que voulant donner au prince Poniatowski des marques de son estime et en même temps l'attacher plus étroitement aux destinées de la France, il le nommait maréchal de l'empire. — Les forces napoléoniennes commencèrent à se retirer sur Leipsik.

Le 18 octobre, Napoléon fait venir successivement les chefs de corps pour leur donner des ordres définitifs.

Poniatowski dépeint à l'empereur sa position, et dit que de 8,000 hommes qu'il avait sous ses ordres, il ne lui reste que 800 Polonais. « 800 braves valent 8,000 hommes! repondit précipitamment l'empereur. Eh bien! c'est à vous et aux vôtres, prince Poniatowski, que je confie le soin de couvrir mon armée. » Et les Polonais, fidèles à l'honneur, remplirent cette suprême mission.

En quittant l'empereur, Poniatowski se dirige sur la place du Faubourg, près de la statue équestre royale; il ordonne à sa troupe de serrer ses rangs, et lui répète les paroles de Napoléon. On entend une nouvelle attaque de l'ennemi. A ce moment, l'alarme se répand dans toute l'armée ; on répète de bouche en bouche : « Les alliés marchent tous sur la ville. » Napoléon et son compagnon Murat disent un dernier adieu au vénérable Frédéric-Auguste ; ils gagnent ensuite la porte de la Halle, passent tous deux près du prince Poniatowski. Leurs yeux ne se sont point rencontrés ; mais leurs âmes se sont dites un dernier adieu ! Alors des flots de fumée obscurcissent le ciel, et le pont saute en l'air ! les arbres de la place, sous lesquels reste debout le bataillon sacré, tombent avec fracas emportés par les boulets de l'ennemi.

Poniatowski encourage les siens et les rangs ne se mêlent point ; mais tous pensent au péril du passage des deux rivières sans ponts. — Alors quelques voix se font entendre ; elles conseillent au chef de se conserver pour l'avenir, et de suivre l'exemple de l'armée saxonne.....

A cette proposition inattendue, Poniatowski répond avec calme : « Dieu m'a confié l'honneur des Polonais, c'est à lui seul que je le remettrai ! » Mais l'ennemi avance toujours ; le prince Joseph, tirant son sabre, encourage sa troupe à mourir plutôt que de se rendre.

Le plomb meurtrier décime le petit bataillon ; les premiers rangs des morts servent de remparts aux vivants, et l'attaque à la baïonnette est repoussée avec une intrépidité incroyable. Depuis une heure, les Polonais sont sans cartouches, et cette résistance à l'arme blanche intimide l'ennemi ; il suppose des forces immenses devant lui.

Cette poignée de braves exécute ainsi à la lettre les derniers ordres de l'empereur des Français.

Mais ces efforts surhumains devaient avoir leur terme. — Poniatowski se jette à la nage dans la Pleisse ; son cheval se cabre et périt sous les flots. Le prince est sauvé par son fidèle aide-de-camp, Hippolyte de Blechamp. Ils gagnent ainsi la prairie ; mais au bout, ils trouvent l'Elster. On offre un nouveau cheval à Poniatowski, et les efforts de Blechamp pour sauver son chef furent cette fois impuissants. Les flots les engloutirent.

Quelques jours après, le corps du prince fut retrouvé ; on lui rendit les derniers honneurs. Transporté d'abord à Varsovie, ensuite à Cracovie, on le déposa auprès des cendres de Sobieski.

LA POLOGNE ET NAPOLÉON.

A l'époque du traité de Tilsit, les plus brillantes espérances souriaient aux Polonais; depuis dix ans, cette nation belliqueuse partageait dans les combats les périls et la gloire des armées françaises. Les guerriers polonais, au milieu des plus valeureuses troupes de l'Univers, avaient mérité d'être qualifiés de braves par le premier capitaine du siècle. Aucun effort n'était au-dessus de leur courage; animés par le sentiment de la patrie, ils s'étaient dévoués pour la reconquérir; ils voulaient voir les faisceaux de la puissance surgir de la reconnaissance de la grande nation pour laquelle ils versaient généreusement leur sang.

Déjà leur redoutable protecteur avait tour à tour vaincu les spoliateurs des provinces polonaises; chaque campagne de guerre avait ajouté à sa puissance en les abaissant.

Depuis Vienne et Berlin jusqu'aux extrémités les plus méridionales du continent européen, toutes les capitales avaient vu flotter sur leurs tours les drapeaux victorieux de l'empereur Napoléon. Le moment approchait où l'étendue de sa puissance allait lui permettre d'exécuter les promesses faites aux intrépides fils de la Pologne; l'intérêt de la civilisation sollicitait en même temps l'empereur Napoléon de relever la barrière qui devait la séparer de la barbarie, et elle ne pouvait être durable et assez forte contre les invasions du Nord qu'en réunissant les lambeaux divisés de la Pologne.

Les usurpations des trois gouvernements qui s'étaient partagés la Pologne en avaient fait autant d'ennemis de son existence politique. La Suède, qui l'avoisine également, étant restée étrangère aux différents partages, pouvait être soupçonnée de sympathie en faveur des Polonais, et ces derniers avaient long-temps tourné leurs regards vers les Suédois. Ce fut en vain; la main de fer qui tenait le sceptre à Stockholm les avait repoussés. Un événement extraordinaire, survenu peu de temps après le traité de Tilsit, fit descendre du trône le roi Gustave IV, et presqu'en même temps une mort inopinée ayant frappé le prince royal, offrit à la diète l'occasion d'élire un successeur au vieux roi qu'elle eut un instant dans la personne du duc de Sudermanie.

Sans brigues, sans intrigues et sans sollicitations, son choix tomba sur un général connu seulement par ses talents militaires, par ses vertus guerrières et des idées libérales, qui firent vivement désirer aux Polonais que cette élection ne fût pas entravée par les cabinets ennemis de la réhabilitation de la Pologne. Ce vœu fut exaucé. Mais elle fut traversée par un adversaire bien plus dangereux : l'empereur Napoléon, qui entassait les couronnes dans sa famille, employa toutes les ressources de son génie, fit jouer tous les ressorts secrets de sa politique pour faire changer l'objet. La singularité de cette circonstance, l'honneur qu'elle fait au caractère suédois, l'influence qu'elle pouvait exercer en faveur de la cause polonaise, lui donnent une importance qui la rend digne d'être rapportée.

Pour connaître les causes de ce singulier événement, il faut se reporter aux suites de la bataille d'Iéna. L'armée prussienne, fière de la renommée acquise sous le règne de Frédéric II, était persuadée que ses vieilles manœuvres triompheraient aisément de l'armée française ; elle s'aperçut bientôt du peu d'effet de sa mousqueterie contre l'artillerie qui lui fut opposée. Ses masses rompues devaient, en cas de revers, se porter vers la capitale, et se ranger sous les ordres d'un chef unique. Plusieurs commandants de corps d'armée, voulant opérer partiellement et se soustraire à une obéissance passive, prirent d'autres directions; de ce nombre fut le général Blucher. Il traversa les deux Mecklembourg; poursuivi par le corps du maréchal prince de Ponte-Corvo, il se jeta dans Lubeck, dont il fut immédiatement chassé, acculé à la mer Baltique, et enfin fait prisonnier de guerre avec toutes les troupes réunies sous ses ordres. Dans cette poursuite, 2,000 Suédois, envoyés tardivement au secours des Prussiens, furent enveloppés et désarmés par les Français.

Le maréchal les renvoya dans leur pays sur parole de ne pas servir contre la France. Plusieurs officiers, appartenant aux familles les plus distinguées de la Suède, restèrent volontairement au quartier-général du prince, suivirent ses opérations, vécurent au milieu de son état-major; ils furent admis à sa table, quelques-uns même dans son intimité. Ils eurent ainsi l'occasion de l'apprécier. Son urbanité, la bonté de son caractère, l'attachement passionné de chaque soldat pour sa personne, produisirent une profonde sensation sur les officiers suédois.

Plusieurs d'entre eux étaient déjà membres de la diète ou le devinrent peu de temps après. Le roi Gustave IV, descendu du trône, y avait été remplacé par un prince fort âgé qui ne laissait pas de postérité, et le prince royal désigné pour lui succéder à la couronne de Suède étant mort inopinément en 1809, ces officiers suédois saisirent l'occasion qui se présentait pour proposer à la diète d'élire, à la place de ce dernier, le maréchal prince de Ponte-Corvo. La diète lui accorda son suffrage, tint cette élection secrète, et chargea ceux de ses membres qui étaient les plus connus du maréchal de se rendre en France pour faire part de cette décision à celui qu'elle intéressait, et s'assurer de son acceptation ou de son refus. Il leur était prescrit de ne communiquer à nul autre le choix fait par la diète, etc., etc., etc.

A peine arrivés dans la capitale de France, les envoyés suédois s'empressèrent de se présenter à la demeure du prince de Ponte-Corvo; ils ne purent arriver jusqu'à lui; ils réitérèrent fréquemment leurs visites, sa porte leur restait fermée. Ils commençaient à désespérer de leur mis-

sion, lorsqu'un hasard heureux leur fit rencontrer un Français qui avait habité Stockholm pendant plusieurs années; il les connaissait, et il était de l'intimité du prince et du très-petit nombre des personnes auxquelles le maréchal avait cru devoir réduire sa société.

Cet ancien émigré ne voulut consentir à mettre les seigneurs suédois en rapport avec le prince de Ponte-Corvo qu'à la condition qu'ils lui feraient connaître préalablement l'objet de leur vive insistance; et ce ne fut qu'en raison de son importance qu'il prit sur lui d'en parler au maréchal, tant étaient sévères les dispositions qu'avait faites ce dernier pour vivre dans l'isolement, et ne pas justifier l'attention du gouvernement, par lequel il pensait être observé dans ses liaisons et dans ses démarches.

C'est le cas d'expliquer et de faire connaître, le plus brièvement possible, la situation singulière où se trouvait le maréchal à l'égard du chef de l'État.

Le général Bernadotte était du nombre des anciens militaires qui, ayant servi et acquis de la réputation dans les armées, et particulièrement à celle de Sambre-et-Meuse, ne purent se prêter, sans quelque contrainte, à fléchir devant un plus jeune, à qui les vieux généraux n'accordèrent, dans le principe, qu'une heureuse témérité. Plus tard, lorsqu'il arriva au pouvoir, et qu'enfin de premier consul il devint empereur, leurs mécontentements éclatèrent; ils les justifiaient par des idées libérales, toujours bien accueillies par la multitude.

Napoléon s'en souvint long-temps, ou plutôt ne l'oublia jamais à l'égard du maréchal Bernadotte. Néanmoins, il ne voulut pas se priver des talents militaires de ce général; ils lui furent constamment utiles. Un des grands moyens de succès du prince de Ponte-Corvo était de s'attacher, homme par homme, les troupes réunies sous son commandement, de les former à sa tactique particulière, de leur inspirer une confiance mutuelle, de les lancer ou de les retenir, de les faire mouvoir, enfin, comme un seul homme.

Au moment où la bataille de Wagram fut résolue, l'empereur, passant en revue le corps d'armée du maréchal, remarqua sur son passage l'immobilité martiale et respectueuse de chaque soldat en sa présence; il vit aussi le sourire remplacer immédiatement sur ces figures basanées, à la vue du maréchal, le sérieux qu'il avait rencontré dans tous les rangs. — Jaloux à l'excès de l'attachement des soldats français à sa personne, il ne put dissimuler sa pensée.

La revue finie, le maréchal lui demanda comment Sa Majesté trouvait son 4e corps d'armée.

« Dites donc le vôtre, » lui répondit avec humeur l'empereur, et il lui tourna le dos. Bientôt, par son ordre, le corps d'armée du maréchal fut décomposé; au lieu de vieilles troupes si agiles qu'il avait formées, l'empereur lui donna des étrangers: des Saxons, des Wurtembergeois et d'autres Allemands, dont il ne connaissait même pas les chefs. — Le changement de ces troupes, et leurs divers mouvements pour se rendre à leurs corps d'armée respectifs, pendant la nuit qui précéda la bataille, occasionnèrent une méprise meurtrière; elles crurent avoir affaire à l'ennemi : plus de mille hommes furent mis hors de combat. — Le maréchal, déjà irrité de perdre ses anciennes troupes et d'une mutation inopportune, reçut mal les reproches peu mérités du général en chef. Il n'en contribua pas moins pour sa part au gain de la bataille. Après le succès, il témoigna son mécontentement à l'empereur, en lui annonçant le désir de se retirer. Napoléon y consentit. Bernadotte, de retour à Paris, se confina dans la vie privée; rempli de défiance, redoutant les délations et la police, il devint invisible pour tous autres que les anciens amis de sa famille. Il ne goûta pas long-temps les douceurs du repos, ses mécontentements durent céder au danger de la patrie. L'Angleterre, voulant faire une diversion en faveur de l'Autriche, s'était emparée de l'île de Valkeren, et menaçait la place d'Anvers; ses vaisseaux occupaient les bouches de l'Escaut.

L'archichancelier de l'empire (Cambacérès) décida le maréchal à sortir de sa retraite et à prendre le commandement d'une armée composée en majeure partie de gardes nationales, pour arrêter les progrès des Anglais.

Ceux-ci furent repoussés, battus, et bientôt forcés de reprendre la mer.

Après ce nouveau succès, le maréchal prince de Ponte-Corvo s'empressa de rentrer dans la vie privée; il redoubla de soins et de précautions pour éviter les dangers ou les piéges dont il se croyait environné.

Ce fut dans cette disposition d'esprit que le surprit l'officier ami qui désirait le mettre en rapport avec les envoyés de la diète de la Suède; il reçut un accueil peu encourageant. Le maréchal, qui, même à la guerre, aimait à garder le lit un peu tard, était encore couché, prétendant avoir à réparer l'insomnie d'une mauvaise nuit; il chassa, c'est le mot, celui qui venait lui rendre un si bon office.

Il fallut à cet ami la patience, la persévérance d'un dévouement à toute épreuve pour vaincre la résistance et braver les emportements du maréchal, avant de parvenir à lui faire entendre que l'on venait lui offrir une couronne.

Il prit d'abord ce qu'il venait d'entendre pour un badinage déplacé et parut s'en irriter; mais entendant la même phrase répétée avec calme et d'un ton presque solennel, il se mit vivement sur son séant et se la fit répéter une troisième; il se décida alors à recevoir immédiatement la visite des officiers suédois qui, remontés en voiture, attendaient, stationnaires dans la rue voisine (le maréchal demeurait rue d'Anjou-Saint-Honoré), la réponse que leur avait fait espérer l'ami du maréchal.

Bientôt, introduits dans l'hôtel qu'habitait le prince, ils n'eurent pas à l'attendre long-temps. Après s'être reconnus de part et d'autre, et avoir échangé quelques mots de souvenirs relatifs à la campagne d'Iéna, et à l'espèce d'échauffourée du roi Gustave IV, qui avait jeté si malheureusement 2,000 Suédois au milieu d'un corps d'armée triomphant, les envoyés de la diète exposèrent l'objet de leur mission. — La modestie, ou réelle ou simulée du maréchal prince de Ponte-Corvo, servit de texte à sa réponse. « Je ne suis, leur dit-il, qu'un soldat parvenu; je vous avouerai qu'en considérant mon peu de mérite, je me sens effrayé de l'importance des devoirs que j'aurai à remplir pour répondre dignement, et justifier le suffrage d'une nation aussi éclairée et aussi distinguée que la vôtre; je l'ai souvent répété, c'est à elle que je voudrais appartenir si je n'étais pas né François. J'éprouve, Messieurs, une profonde reconnaissance pour l'offre dont je me vois honoré; mon esprit en est encore trop étonné pour me laisser la liberté de vous répondre comme la circonstance l'exigerait : je vous prie de m'accorder un délai de vingt-quatre heures; je vous attendrai demain à pareille heure. » Les commissaires suédois insistèrent vivement pour avoir immédiatement une réponse favorable. N'ayant pu l'obtenir, ils se retirèrent, en annonçant qu'ils seraient exacts à revenir le jour suivant.

Le maréchal se disposa immédiatement à paraître devant

l'empereur Napoléon, afin de lui faire part de cet événement inattendu; il voulait, disait-il, mettre les procédés de son côté, et que le chef de l'Etat, auquel il était suspect, ne pût lui reprocher aucune manœuvre clandestine.

En effet, il s'en fallait de beaucoup que le maréchal fût en faveur; malgré son rang élevé et le titre de prince, il attendit longuement: il eut le temps de méditer ses paroles; enfin, il fut admis, et exprima à l'empereur son vif empressement à venir lui communiquer la très-étonnante proposition qui venait de lui être faite, prendre ses ordres ou ses conseils. — L'empereur Napoléon s'attacha à dissimuler le mieux qu'il put la surprise désagréable que lui causait une affaire arrivée à ce degré de maturité sans sa participation.

Habitué à influencer la majeure partie des cabinets de l'Europe, il ne désespéra pas intérieurement de faire changer le choix de la diète suédoise. Il parut réfléchir long-temps, mesura cent fois à grands pas la longueur de son cabinet, prit du tabac coup sur coup, et finit par faire au maréchal une réponse qui prouvait assez que ses idées étaient ailleurs. « Il faut prendre garde ici, monsieur le maréchal, dit-il au prince, c'est peut-être un piége. — Je ne vois pas, lui répondit le maréchal, à quoi pourrait aboutir ce piége. En mettant les choses au pire, en supposant que les Suédois voulussent attirer un de vos généraux pour le faire périr, ce qui n'est ni dans leurs mœurs, ni dans leur caractère, en quoi cela pourrait-il leur être utile? Et d'ailleurs, n'avez-vous pas cent généraux qui valent mieux que moi?

J'en conviens, répliqua durement l'empereur; mais, je vous le dis, suivez comme vous l'entendrez cette chance, je n'y fais pas opposition; je vous préviens seulement que je ne veux pas m'en mêler, que je n'y serai pour rien. »

Le maréchal conclut de là, en se retirant, que son élection allait être fortement traversée; il savait d'ailleurs que son nom ne figurait pas sur la liste des candidats destinés à la royauté. Il lui tardait de revoir les commissaires suédois pour leur faire connaître son acceptation, et lier ainsi plus étroitement la diète et ses envoyés; il voulait en même temps tâcher de savoir d'eux si la résolution de la diète résisterait aux entraves, aux sollicitations, aux menaces peut-être, auxquelles il croyait qu'elle allait être en butte.

Le maréchal apprit le même soir, par quelques affidés qu'il avait à la cour, que, dès qu'il eut quitté l'empereur, celui-ci avait fait mander le ministre de la police (Fouché), lui avait vivement reproché son peu d'habileté, pour avoir ignoré que quatre suédois avaient traversé paisiblement la France, séjourné, depuis plus de huit jours, dans la capitale; pour n'avoir pu, faute d'être instruits, faire suivre et observer ces étrangers de marque.

Il ajouta qu'ils étaient venus avec une mission contraire à ses intérêts, qu'ils avaient pu la remplir secrètement et sans obstacle, etc., etc.; qu'il était fort inutile de solder à grands frais un ministre et une police pour ne devoir qu'au hasard la connaissance des événements déjà accomplis, et des contrariétés presque irrémédiables que cette coûteuse et décevante surveillance était destinée à lui procurer en temps utile. Cette vive mercuriale fut suivie de l'ordre impératif de rendre compte, heure par heure, des actions et des démarches des suédois.

Le ministre des relations extérieures (Champagny) fut encore plus mal reçu. « A quoi m'êtes-vous utile, monsieur? lui dit d'un ton menaçant l'empereur. A quoi servent les ambassadeurs, si j'apprends tardivement, et par un autre canal, ce qui se trame contre mes intérêts et ceux

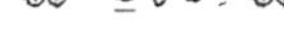

de la France dans les cours étrangères? Que fait votre M. Alquier à Stockholm? Eh quoi! la diète de Suède s'assemble à la porte de cet ambassadeur, et il n'en voit rien? Elle décerne la couronne à un de mes généraux qui n'a pas mon suffrage, et il n'en sait rien? On vient à Paris, et ce n'est pas un seul, ce sont quatre envoyés, arrivés par ordre d'un corps délibérant qui est nombreux; ils sont dans ma capitale sans que j'en sois informé; ils accomplissent leur mission, dont vous êtes, vous, M. le ministre des affaires étrangères, l'homme le moins instruit, et j'apprends toute cette trame quand son effet est produit, tandis que rien de pareil ne fût arrivé, si on eût saisi le moment favorable pour influencer d'une manière ou d'autre, et faire prendre à cette affaire une direction convenable à nos intérêts! — Que dois-je faire, sire? répliqua le ministre terrifié. — Ecrire à votre M. Alquier pour qu'il croise l'élection à tout prix; et si elle ne peut être faite en faveur d'un prince français dont je ferai choix, qu'elle tombe plutôt au profit du Danemarck, et même de la Russie, que de rester sur la tête de celui en faveur duquel votre ineptie, votre maladresse, l'ont laissé faire. Invitez ces suédois, parlez-leur, faites-leur ouvrir les yeux, J'ai mieux que cela à leur offrir dans l'intérêt de leur pays. Agissez vivement, et surtout avec discernement; il n'y a pas un instant à perdre pour réparer le mal que vous avez laissé faire sans aucune espèce de prévoyance.

Sire, comment aurais-je pu prévoir un pareil choix? — Vous ne pouviez pas ignorer que le roi de Suède actuel est fort vieux et n'a pas de fils; vous ne pouviez pas ignorer non plus la mort subite du prince royal; vous deviez savoir que, d'après les usages et les statuts, la diète lui désignerait un successeur. Il est certain pour moi que vous n'avez rien fait pour influencer son choix. Mettez-vous en mesure d'obtenir, sans délai, d'autres résultats; c'est l'afffaire qui presse le plus; je veux être instruit sans retard de ce que vous aurez fait à cet égard.

Ce ministre s'empressa d'expédier un courrier à M. Alquier, ambassadeur français; il ne manqua pas de lui transmettre les reproches et les menaces qui venaient de lui être adressés (c'est ainsi que vont les choses); il exigea de meilleurs résultats et une très-prompte réponse par le retour de son courrier. L'ambassadeur de France, M. Alquier, fut assez mal venu du gouvernement suédois, qui, sans avouer et sans nier ce qui avait pu être fait pour donner un successeur au prince royal, fit observer à l'ambassadeur français que cette affaire sortait du cercle dans lequel la diplomatie étrangère devait se renfermer; qu'il ne pouvait lui être fait d'autre réponse; qu'il serait complètement inutile de multiplier les notes à ce sujet, attendu que, dans l'état actuel, le Gouvernement, étant étranger aux opérations de la diète, subissait ses décisions et ne pouvait en rien les modifier. Sur ces entrefaites, le ministre français des relations extérieures eut plusieurs conférences avec l'ambassadeur suédois près la cour de France. Celui-ci, n'ayant aucune instruction de son Gouvernement sur ce point, ne put faire que des réponses insignifiantes; il promit seulement d'en écrire et tint parole. Il avait, à la vérité, vu les nobles suédois arrivés récemment à Paris, venus, disaient-ils, uniquement pour voir la capitale de la France : il ne lui convenait pas d'en demander davantage. M. le ministre des relations extérieures n'avait pas négligé en même temps de se rapprocher des commissaires suédois, de les inviter à des repas splendides; il avait déployé toute son adresse avec eux, les avait attaqués d'abord l'un après l'autre, et enfin collectivement. Ceux-ci, bien informés de toutes les menées

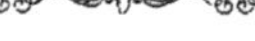

du Gouvernement français, et ayant reçu du président de la diète des ordres qui confirmaient l'objet absolu de leur première mission, avaient, pour en finir, obtenu l'autorisation d'avouer l'élection, etc.

Vingt jours s'étaient écoulés; le courrier de Stockholm, porteur de la réponse de l'ambassadeur français, était de retour. Le ministre des relations extérieures ayant échoué partout, bien qu'il eût tenu l'empereur régulièrement informé de la marche de cette affaire, crut devoir lui soumettre la note négative de l'ambassadeur de Suède, avec la lettre de M. Alquier, et demander à discontinuer des démarches infructueuses.

L'empereur, pour toute réponse, lui donna l'ordre de lui amener les envoyés de la diète. Cette élection le mécontentait au dernier point, moins par la perte d'une couronne qu'il aurait pu mettre sur la tête d'un de ses frères, que par l'idée enracinée chez lui, que le maréchal auquel elle était offerte était foncièrement son ennemi, et porterait à la coalition du Nord les moyens de lui nuire que lui avait donnés la connaissance de sa tactique à la guerre et de sa politique.

L'empereur déploya avec les nobles suédois les nombreux moyens de séduction que lui donnait la supériorité de son génie et sa vaste érudition : la nation suédoise, sa bravoure, son caractère de droiture, sa générosité, furent l'objet d'une conversation étincelante d'esprit et de remarques ou ingénieuses ou profondes. Les rois suédois, qui avaient jeté le plus de lustre sur leur patrie, apparurent tour à tour; leur éloge, amené avec un art admirable, se plaçait si naturellement, si heureusement, dans cet entretien rapide, que les nobles suédois, surpris et ravis tout à la fois, avaient tout à fait quitté leur flegme et abandonné le masque diplomatique dont ils comptaient se faire une égide. — Le coup-d'œil d'aigle de l'empereur l'avait averti que le moment était favorable pour risquer une dernière tentative contre la fatale élection; il sut le faire par une transition heureuse. Il leur dit qu'il y avait en réalité tant de ressemblance entre le caractère suédois et celui des français, que c'était avec raison qu'on appelait les Suédois les Français du Nord; que les souverains des deux pays mériteraient bien de la patrie, en resserrant, par tous les moyens praticables, l'union des deux peuples; qu'en mettant sur les trônes des alliances de famille, ce serait des deux parts ajouter à leur puissance respective; que celle de la Suède augmenterait singulièrement dans le Nord par l'influence que pouvait lui donner le Gouvernement français. Arrivé à ce point, il avait peu de choses à ajouter pour proposer, au lieu du choix fait par la diète, une personne de sa famille, dont il jugea néanmoins prudent de ne pas hasarder prématurément le nom. Les figures suédoises reprirent le sérieux : celui de ces commissaires qui devait porter la parole arriva, par des circonlocutions pleines de déférence, à déclarer à l'empereur que la délibération de la diète était irrévocable; que l'ordre qui avait été envoyé à ses commissaires, dans la capitale de France, était circonscrit et absolu; que l'extraction, la nationalité et les considérations politiques n'étaient entrées pour rien dans les motifs qui avaient déterminé la diète; qu'elle avait choisi l'homme qu'elle préférait à l'exclusion de tout autre; que s'il eût été Turc ou Espagnol, sa détermination eût été la même. A ce mot décisif, l'empereur eut la présence d'esprit d'improviser une sorte d'éloge du maréchal Bernadotte. C'était, ajouta-t-il, dans l'intérêt de la Suède, et par amitié pour cette nation, qu'il avait eu la pensée de lui offrir une personne dont l'alliance eût rapproché davantage les deux nations; mais que cette considération

écartée, il se plaisait à reconnaître qu'elle avait fait choix d'un général habile, rempli de capacité et doué d'excellentes qualités.

Après avoir ainsi épuisé toutes les chances de succès, il crut devoir s'empresser de revoir le maréchal, aigri, sans doute, par toutes les entraves qu'il lui avait suscitées, sans relâche, pendant un mois entier; il espérait encore faire cesser ses mécontentements, et conjurer, autant que possible, les effets nuisibles qu'il en craignait dans l'avenir. Cette fois le maréchal fut admis; dès qu'il se présenta, l'empereur eut un visage riant. « C'en est donc fait, lui dit-il, vous abandonnez la France, votre patrie, pour vous faire suédois. — Sire, mon cœur restera français. — Savez-vous qu'il faut, avant de mettre le pied sur le sol suédois, faire une profession authentique et embrasser la religion de ce pays? — Je le savais, sire; je répondrai à cela comme ce grand roi qui est né dans dans la même ville que moi. — J'entends, j'entends : Paris vaut bien une messe. — On ne peut pas s'égarer, sire, en imitant en toutes choses un roi dont la mémoire est si justement vénérée. — Je pense que vous en excepterez la dernière. — Pour cela, sire, il est difficile de se soustraire à sa destinée, aussi ne m'en occupe-je guère. Je suis entouré de périls, je le sais; je ne veux plus y penser. — Vous êtes pressé de partir; pour une position aussi éminente, cela se conçoit. Voulant faire une chose qui vous soit utile, et que vous n'arriviez pas en Suède sans culottes (allusion aux opinions du maréchal), j'ai donné des ordres pour vous faire compter trois millions sur mes fonds particuliers; en échange, vous signerez les actes nécessaires pour me rendre propriétaire de la totalité de vos biens. — Je ne crois pas que Votre Majesté perde à ce marché. Les hommes d'affaires m'ont assuré que mes propriétés valaient un quart de plus; mais je ne dérangerai rien aux dispositions que vous avez faites, et je vous en remercie. » L'empereur saisit ce dernier instant pour engager le maréchal à faire entrer la Suède dans son système contre l'Angleterre.

Celui-ci répondit par une phrase diplomatique :

« Après les intérêts du pays qui m'accueille, ceux de la France me seront les plus chers. » L'empereur l'interpréta défavorablement, et l'on se sépara froidement.

Le maréchal, étant bientôt monté sur le trône de Suède, ne démentit pas les prévisions de Napoléon. Il lui fut hostile. Il oublia en même temps les idées libérales qui avaient intéressé la Pologne à son élévation; et comment aurait-il pu intervenir en faveur des Polonais, celui qui ne voulut pas même permettre aux Suédois de saisir aucune des nombreuses occasions qui se présentèrent pour reprendre la Finlande, dont ils avaient été tout récemment dépouillés par la Russie?

Depuis l'année 1796, les légions polonaises combattaient volontairement dans les rangs des armées françaises et en partageaient la gloire.

Si, par leur héroïsme, les guerriers polonais avaient conquis l'estime des guerriers français, leur intrépidité à toute épreuve, justement redoutée des ennemis, excitait l'admiration de toutes les armées étrangères.

Le nom de la patrie, si cher aux cœurs polonais, depuis long-temps effacé de la carte d'Europe, était relégué sur leurs glorieux étendards, autour desquels se groupait la population. Tous auraient fait le sacrifice de leur vie pour apprendre que la Pologne allait revivre. Tant de magnanimité et d'esprit national avait touché l'âme du vainqueur de l'Europe; il était désormais permis aux descendants des Slaves d'espérer de voir leurs anciennes provinces affranchies des dominations étrangères, et la flétrissure de l'usur-

pation ou des partages effacée par la victoire et la réhabilitation de la Pologne.

Les entreprises récentes du cabinet de Saint-Pétersbourg, réprimées par les victoires d'Austerlitz, d'Eylau et de Friedland, avaient de plus en plus mis en évidence les dangers auxquels sont exposées les nations établies au centre et au midi de l'Europe, depuis la destruction de la Pologne. Ce rempart, protecteur de la civilisation, n'avait pas été abattu par la victoire; il n'avait pas succombé sous les forces égales d'une nation ou rivale ou ennemie, un double pacte entre trois grandes puissances voisines de la Pologne leur avait livré successivement les provinces polonaises; elles se les étaient partagées comme un terrein vague, comme une lande inculte et inhabitée.

Quel peuple pourrait espérer de conserver le sol qu'il tient de ses ancêtres, qu'il cultive et arrose de ses sueurs; son Gouvernement, ses lois, sa religion et ses tombeaux; en un mot, de rester en corps de nation, si un pareil acte de violence pouvait être toléré, sans appel, par la famille européenne? Mais il n'en est pas ainsi; un siècle de possession, sans autre titre que l'abus de la force, n'offre aucune garantie en faveur d'une spoliation qui blesse aussi profondément le droit des gens! Le droit sacré des sociétés civilisées n'admet aucune prescription; il pourra long-temps se taire devant l'appareil de la force; mais les idées sur le juste et l'injuste agissant sans interruption sur les peuples, par cela même qu'elles sont éternelles, ce titre légitime rencontre, dans l'agitation ou le mouvement des nations, une occasion favorable pour échapper enfin à l'iniquité dont il a été victime. Dès-lors, le pouvoir de la force, mieux employé, fera justice de la spoliation.

La cause de la Pologne était donc juste! L'intérêt de la civilisation européenne, la répression de l'iniquité et de l'abus de la force, ennoblissaient l'entreprise formée par le plus grand capitaine des temps modernes.

A la même époque, l'agression de la Russie contre la Turquie, l'invasion toute récente des provinces suédoises par les Moskovites, devaient faire présumer à l'empereur Napoléon que les deux puissances saisiraient la circonstance qui s'offrait à elles pour venger leurs injures; qu'elles viendraient au-devant de son alliance, et contribueraient au succès de ses généreux desseins : ainsi la politique encourageait son entreprise.

Les souverains du second ordre, qui n'avaient pas eu part aux partages de la Pologne, redoutaient, pour les peuples dont ils avaient la tutelle, l'invasion des barbares; ils approuvèrent la guerre entreprise contre la Russie; ils en donnèrent la preuve en fournissant de nombreux auxiliaires à l'empereur français. Les puissances du premier rang purent voir, peut-être avec une secrète joie, la lutte qui devait infailliblement atténuer la force colossale des deux empires dominateurs qui allaient se disputer la suprématie; mais elles n'en fournirent pas moins des troupes auxiliaires à la grande armée française.

Le 24 février 1812, un traité d'alliance fut conclu entre la France et l'Autriche; la principale clause portait que chacune des puissances contractantes fournirait à celle qui serait en guerre un corps auxiliaire de 30,000 hommes.

A la même époque, la Prusse se décida à fournir à la France un nombre pareil d'auxiliaires.

Cette double accession aux projets de Napoléon trompa l'attente de ses ennemis; le génie de la Pologne y trouva de nouvelles espérances. — L'observateur désintéressé répéta à ce sujet le vers de Virgile :

Quidquid est timeo Danaos et dona ferentes.

Néanmoins, la surprise fut générale et grande lorsqu'il fut connu que le Gouvernement suédois, auquel présidait un Français sorti des rangs de la grande armée, avait rejeté l'alliance de sa première patrie, et, au mépris des intérêts de la nouvelle, refusé une occasion certaine de venger Charles XII et de reprendre les provinces nouvellement arrachées à la Suède par la Russie. Dans le même temps, voulant réunir toutes les chances de succès qui pouvaient servir son dessein, Napoléon faisait faire des démarches instantes pour obtenir la coopération de la Turquie, dont les armées étaient aux prises en Moldavie avec celles de Russie. Le divan, toujours lent à se décider, traînait en longueur les négociations. Malgré ces diverses contrariétés, l'empereur français persiste dans l'exécution de sa vaste entreprise, et, comme s'il voulait suppléer aux auxiliaires sur lesquels il ne compte pas encore et à ceux sur lesquels il ne compte plus, il recrute des levées partout où sa puissance ou son influence peuvent lui procurer des combattants. On voit arriver, dans les rangs de son armée, des Kroates, des Illyriens, une armée entière composée d'Italiens, une autre de Napolitains, de Piémontais, d'Espagnols, de Portugais, de Strelits, d'Hessois, de Badois, de Wurtembergeois, de Bavarois, de Saxons, de Danois, de Polonais en grand nombre; une division dite princière (parce qu'elle est composée de troupes appartenant aux princes de la confédération), forte de 7,300 hommes; elle est commandée par le général Carra-Saint-Cyr ; et, enfin, deux armées, dont l'une d'Autrichiens et l'autre de Prussiens. — Ce mouvement de troupes, qui s'étend sur toute la partie méridionale de l'Europe, est évalué à 660,000 hommes et à 175,000 chevaux. — Napoléon, dans sa prévoyance, provoque, en outre, et obtient un sénatus-consulte (du 10 mars 1812) qui organise l'intégralité de l'empire français en cohortes, bans et arrière-bans.

Ainsi donc, de nombreuses troupes mises sur pied de guerre, parties de tous les points de l'Europe, se portent vers le Nord ; elles doivent servir à la composition de vingt corps d'armée qui vont joindre leurs forces et concourir simultanément à l'exécution des desseins arrêtés par l'empereur Napoléon.

Les célébrités militaires de la France, celles des armées appartenant aux puissances alliées, sont appelées à des commandements supérieurs dans la grande armée, sous les ordres de Napoléon.

Sur ces entrefaites, l'empereur Napoléon fait sonder secrètement les provinces polonaises qui ont passé sous le sceptre russe; la négociation est assez habilement conduite pour déterminer toute cette noblesse mécontente à envoyer une députation, également secrète, au futur libérateur de la Pologne, entendre ses propositions, etc., etc. Elle était composée d'hommes habiles et prudents, qui, résidant loin des villes et hors de la surveillance, pouvaient remplir cette délicate mission sans que leur absence fût remarquée par les agents du Gouvernement le plus soupçonneux de l'Europe; elle eut d'autant plus de facilité à le joindre, qu'au lieu de suivre lui-même la route la plus commode, le véritable chemin qui passe par Varsovie, où il était attendu, il se dirigea tout à coup sur la Lithuanie, Kowno, et fut ainsi réduit à ne rencontrer, pour les stations, que des mauvais villages ou des bourgs occupés par des populations presqu'entièrement composées de juifs, au milieu desquelles les états-majors ne trouvaient ni les ressources nécessaires à la vie, ni presque point d'abri pour les personnes et les chevaux.

Ce fut à Wilkowirski, petite ville du département de Lomza, et, depuis 1815, dans le palatinat d'Augustow, qu'eut lieu l'entrevue des quatre députés envoyés par les anciennes provinces, à la tête desquels était le comte Pawlowski. Cet ancien diplomate, fort exercé et heureusement fort circonspect, connaissait, parmi les riches israélites qui commercent en grand et voyagent toute l'année, ceux qui, plus habiles qu'on ne le pense communément, étaient en état de lui fournir d'utiles renseignements; il ne voyait pas le rétablissement de l'Etat polonais possible et solidement établi sans la restitution des duchés de Posen et surtout de la Gallicie. Ayant appris que les souverains possesseurs de ces provinces fournissaient réellement des troupes auxiliaires à la grande armée, il était rationnel de supposer qu'elles avaient acquis la certitude que le rétablissement de la Pologne ne serait pas intégral; qu'il n'aurait pas lieu à leurs dépens; et enfin qu'on leur avait garanti leurs possessions respectives en Pologne. Dans le cas contraire, la défection de ces puissances alliées, placées sur les derrières de l'armée commandée par l'empereur Napoléon, était fortement à craindre; d'un autre côté, il se pouvait que le chef de la grande armée, voulant seulement abaisser la Russie et lui arracher quelques concessions, quelques grands trophées, à la suite de quoi se ferait une prompte paix, n'eût pris le prétexte du rétablissement de la Pologne que pour avoir un titre légitimé par l'équité et la sympathie des peuples, afin de colorer l'entreprise. Alors la coopération des provinces russes, démembrées de la Pologne, pouvait grandement servir ses projets; elle lui offrait une chance précieuse de succès. Mais à quels dangers ne s'exposaient pas ces vieux Polonais, si Napoléon éprouvait un revers, ou s'il obtenait un succès assez décisif pour amener une prompte paix qui lui permettrait de quitter aussitôt un pays trop éloigné de sa base d'opérations et de mettre fin à une entreprise aventureuse? Dans l'une et l'autre hypothèse, les risques étaient les mêmes pour les habitants des anciennes provinces : s'étant levés contre le Gouvernement russe, ils restaient abandonnés à ses implacables ressentiments. Un magnifique corps de cavalerie, nouvellement et richement équipé, était destiné à augmenter l'éclat du cortége de l'empereur à son entrée à Varsovie, où, par ses ordres, tout était préparé dans cette ville pour faire la plus brillante réception au futur régénérateur de la Pologne. — L'empereur Napoléon quitte tout à coup le chemin commode qui mène à cette capitale, et prend, de lui-même, la plus mauvaise des routes qui conduisent en Lithuanie; et tandis que son escorte triomphale s'avance dans la direction qui lui a été primitivement donnée, il suit des chemins fangeux, dans des districts mal peuplés, au milieu desquels ses troupes éprouvent toutes sortes de privations et d'incommodités.

En cherchant à connaître les causes de cet étonnant changement de direction, le comte Pawlowski apprit que les souverains possessionnés en Pologne avaient témoigné récemment des inquiétudes et fait des représentations; que, pour mieux les rassurer, l'empereur avait subitement, mais tardivement, renoncé à faire l'entrée triomphante qui devait avoir lieu à Varsovie.

Le comte Pawlowski trouva encore dans cette découverte un puissant motif de méfiance; sa circonspection en fut augmentée. D'ailleurs, le prince Poniatowski ne lui laissa pas ignorer que la sollicitude de l'empereur Napoléon avait déterminé ce souverain à faire occuper Berlin et plusieurs places fortes de cet Etat, dont il craignait les indécisions; il ajouta qu'il avait cru prudent d'envoyer des agents affidés à Cracovie, lieu désigné pour le rassemblement des 30,000 hommes de troupes auxiliaires que devait commander Schwartzenberg, afin de connaître les véritables dispositions de ces auxiliaires, si long-temps ennemis de la France, et d'en savoir le nombre; il apprit en même temps que jusqu'alors le Gouvernement turc n'était pas entré dans l'alliance française; que l'Angleterre, par ses intrigues, et la Russie, par de brillantes promesses, tenaient le divan dans l'indécision; que la Suède avait positivement rejeté l'alliance française; que c'était, sans contredit, une chance bien importante de moins en faveur de la cause polonaise, en raison de la position territoriale de la Suède, à l'égard de la Russie, et de la bravoure des armées suédoises. Aucune coopération n'était plus à regretter que celle de cette nation pleine de sympathie pour les Polonais.

Ce fut sous l'influence de tant de fâcheuses découvertes et des préoccupations qui devaient en être la conséquence dans l'esprit du comte Pawlowski, qu'il parut devant l'empereur à la tête de la députation chargée de traiter de l'importante question de la coopération, ou plutôt de l'insurrection armée des anciennes provinces polonaises soumises, depuis l'année 1772, à la domination de la Russie.

Un de ses ministres l'avait reçue quelques heures auparavant. — Le comte Pawlowski avait imité la réserve observée par ce haut fonctionnaire, qu'il retrouva près de l'empereur au moment où la députation fut introduite devant ce souverain.

Son regard scrutateur, dit le comte, s'attacha sur chacun de nous, tandis qu'il s'informait de notre nom, de nos possessions et du pays où elles étaient situées. Je fus le dernier qu'il honora des mêmes questions; puis, entrant brusquement en matière et m'adressant la parole :

« C'est un honorable et fort patriotique projet, me » dit-il, que celui qui vous a conduit devant moi.

» — Sire, nous n'avons pas formé de projet. Votre » commission a vu les personnes les plus influentes de » notre noblesse, et les a déterminées à vous adresser » une députation dont je fais partie. Je n'ai parlé à » M. le ministre que d'éventualités, d'hypothèses; c'est » tout ce que je pouvais me permettre avant de connaître » positivement vos intentions à notre égard.

» — Fort bien, reprit-il, peu importe le mot; venons » au fait. Quelles sont les provinces dont vous voudriez » que fut composé l'Etat polonais pour en faire une puis- » sance? » Je les nommai avec un flegme que ne put troubler son geste d'impatience, lorsqu'en dernier lieu, je réclamai la Prusse polonaise, avec Dantzick et la Gallicie.

« — Vous faites, reprit-il vivement, entrer trop de » sujets de difficultés dans vos larges calculs. Je ne crois » pas que ce soit une nécessité; j'y vois de puissants » obstacles. » — Sans doute, sire, et j'en conviens; ils sont » d'autant plus grands que l'on compte parmi vos alliés » l'Autriche et la Prusse, et que la Pologne, privée des » provinces que lui ont prises ces puissances, ne serait » qu'un Etat sans consistance et malheureusement sans » commerce, si Dantzick lui manquait pour l'écoulement » des produits du sol et de l'industrie.

» — Cependant, reprit l'empereur, si, pour le pré- » sent, on joignait au duché de Varsovie la Lithuanie et » les anciennes provinces polonaises dont s'est emparée » la Russie, cela formerait déjà un Etat qui aurait de la » consistance. Avec le temps et le secours de la France,

» étant sagement administré, il pourrait, en peu d'an-
» nées, récupérer pièce à pièce son ancien territoire,
» surtout s'il parvenait à s'allier avec la Suède, qui a aussi
» ses injures à venger.

» — Sire, si tandis que le plus habile général des temps
» modernes est sur le sol polonais à la tête d'une nom-
» breuse et redoutable armée, sa puissance n'arrache pas
» la Gallicie à la domination autrichienne, jamais autre
» pouvoir n'y parviendra. Cette importante province est
» d'autant plus nécessaire à notre sûreté, à notre exis-
» tence politique, qu'elle recule de plus de cinquante
» lieues la frontière; elle renferme une population nom-
» breuse, belliqueuse, et son sol est un des plus fertiles
» de la Pologne.

» La réunion de la Prusse polonaise au duché de Var-
» sovie pourrait être, par la suite, une conséquence de la
» cession de la Gallicie. Une alliance avec la Suède pré-
» sente peu de probabilités; la Norwége paraît suffire à
» son ambition : elle s'occupe de sa marine, parce qu'elle
» favorise l'écoulement de ses produits; elle semble vou-
» loir se jeter hors du cercle par lequel nous pourrions
» nous trouver en contact avec elle.

» — Cependant, objecta l'empereur, la Finlande la
» remettrait aux portes de Saint-Pétersbourg. — Sire,
» c'est par ce motif que ce pays serait l'objet d'une lutte
» prolongée, et probablement malheureuse, contre un
» souverain d'autant plus puissant qu'il peut disposer à
» son gré de la personne et de la fortune de chacun de
» ses sujets. — Il y a dans tout cela, dit avec vivacité
» l'empereur, des choses fortes; il y a aussi du spécieux
» et de l'ambition mal placée. Dites-moi seulement,
» Monsieur le comte Pawlowski, quelle est au vrai la
» disposition des esprits dans vos provinces. — Tous les
» cœurs, sire, y sont restés polonais : les habitudes, les
» mœurs, les usages, y ont encore leur couleur native.
» S'il était question du rétablissement intégral de la Polo-
» gne, avec des certitudes, des chances palpables de
» succès, vous y trouveriez autant de soldats dévoués qu'il
» y a d'individus en état de porter les armes, et pas un
» noble qui ne soit prêt à y sacrifier sa vie et sa fortune.

» Mais s'il ne s'agissait que d'une expédition ayant
» tout autre but que celui-là, les anciennes provinces,
» malgré leur sympathie pour la France, ne prendraient
» qu'un rôle passif. — MM. les Polonais, reprit Napoléon,
» je vous veux du bien. J'espère que les événements me
» fourniront les moyens de vous le prouver bientôt. Votre
» démarche m'assure de vos bonnes dispositions. Si j'avais
» été à la place de Louis XV, je n'aurais pas consenti aussi
» facilement que lui au partage de vos provinces. J'aurais
» peut-être mal fait : car un trône électif, une représen-
» tation difficultueuse, soupçonneuse, qui ne laisse au-
» cun pouvoir au monarque qu'elle charge de la défense
» du pays, ne peut amener que des divisions intestines,
» l'énervement de la puissance nationale, et enfin des
» résultats tels que ceux que vous avez éprouvés. J'aime
» à croire que cette forme de gouvernement, le cas
» échéant, serait moins en honneur chez vous.

» — Oui, sire, une rude et trop malheureuse expé-
» rience nous y a fait renoncer.

» — Cela étant, reprit Napoléon, on peut tenter quel-
» que chose d'utile à la Pologne : c'est ce que nous ver-
» rons à Wilna. J'ai encore bien des renseignements à
» recueillir. C'est dans cette ville que je prendrai une
» détermination. Venez-y seul, Monsieur le comte Paw-
» lowski, pour ne pas éveiller l'attention de l'espionnage
» ennemi. J'aurai besoin de vous : sur votre nom, mes

» aides-de-camp vous introduiront. » Un signe de la main de Napoléon annonça que l'audience était finie.

La députation quitta immédiatement Wilkourski, et prit un chemin écarté pour se dégager des embarras sans nombre causés par les fondrières qui arrêtaient les convois de toute espèce dont les corps en marche étaient ou précédés ou suivis. La beauté des troupes avait excité l'admiration de ces députés, autour desquels tout retentissait du prochain rétablissement du royaume de la Pologne.

Suivant les uns, cette couronne était destinée à un frère de l'empereur; suivant d'autres, à un maréchal de l'empire commandant le premier corps, et au dire des officiers polonais, à leur chef le prince Poniatowski. Le comte Pawlowski, bien différent de ceux de ses compatriotes qui lui avaient été associés dans cette mission, ne se laissa pas éblouir; il avait apprécié les paroles de l'empereur Napoléon. Sa prudence fut écoutée; les bons Polonais des anciennes provinces restèrent passifs; mais ils ne manquèrent pas d'offrir, en toute occasion, les secours de l'hospitalité la plus généreuse aux militaires français et alliés qui en éprouvèrent le besoin.

Le comte Pawlowski reparut en temps utile à Wilna, ayant en main la proclamation de Wilkowirski, dont il désirait connaître le sens, fort équivoque à ses yeux, quant à la Pologne; il y vit une seule fois l'empereur, et rentra dans ses foyers plus attaché que jamais aux idées et aux résolutions que lui avaient fait prendre les premières explications données verbalement par l'empereur à Wilkowirski.

La Russie, restée seule devant une pareille levée de boucliers, ne pouvait se méprendre sur son objet. Le cabinet de Saint-Pétersbourg avait commencé, depuis long-temps les préparatifs nécessaires pour faire la guerre, et, par conséquent pour résister, au besoin, aux attaques de la France. Il avait formé deux armées, la première aux ordres du général Barclay de Tolli; la seconde sous le commandement du prince Bagration; le nombre des divisions s'élevait à quarante-sept, dont huit de cavalerie. L'empereur Alexandre se rendit à Wilna avec son état-major; il y était arrivé dès le 26 avril. Tandis que les troupes s'avançaient des deux côtés sur la ligne des frontières de la Russie, du côté de la Pologne, les négociations continuaient entre la France et la Russie. Le 22 juin, l'empereur Napoléon, de son quartier-général de Wilkowirski, fit mettre à l'ordre du jour une proclamation qui annonçait l'ouverture de la campagne.

Le 23, Napoléon reconnaît la ligne du Niémen; il s'arrête sur les hauteurs qui dominent Kowno, et de cette position marque le point le plus avantageux pour effectuer le passage. L'ordre est donné. Un pont s'élève comme par enchantement. A huit heures du soir, les troupes sont mises en marche.

Le 24, à une heure du matin, elles étaient dans Kowno, et déjà le général Pajol, commandant une avant-garde, chassait devant lui la cavalerie russe qui avait été chargée de défendre ce point important.

Dans la même nuit, deux autres ponts furent construits; l'armée entière put aborder sur l'autre rive.

Les journées du 24 et du 25 furent employées à ce passage. Les Moskovites se replièrent derrière la Wilia, détruisant partout les ponts et brûlant les magasins.

Le 28, Napoléon entra à Wilna et concentra bientôt son armée autour de cette ville.

Dès le 25, l'empereur Alexandre avait fait paraître une proclamation pour apprendre à son armée l'attaque exé-

cutée par l'armée française à Kowno, et faire un appel à sa valeur, etc. Il règne dans cette pièce un ton de modération remarquable par sa nouveauté. Elle ne fait aucune mention de la Pologne. Elle est terminée par une phrase tout au moins singulière dans la bouche du souverain absolu de la Russie : « Vous défendez la religion et la liberté; je suis avec vous, Dieu est contre l'agresseur. »

Dieu seul pouvait, d'après le style des deux manifestes, savoir auquel des deux adversaires les peuples de l'Europe allaient devoir cette guerre d'extermination. Long-temps encore l'obéissance passive leur désignera des ennemis qu'ils devront combattre en étouffant leurs sympathies; mais ils ignoreront à qui sera due l'agression.

Au milieu des inquiétudes qui agitent sans relâche les Polonais, les plus éclairés d'entre eux remarquent que les Russes, en se repliant, défendent à peine les positions les plus favorables pour arrêter leurs adversaires; que cette faible résistance semble calculée pour attirer l'ennemi dans des contrées dénuées des ressources qui sont nécessaires à une pareille multitude, etc.

Et, en effet, on voit le général russe Bagawohout se retirer sur la Dzwina; Witlgenstein évacuer la Samogitie, simuler quelque résistance près de Dziewialtow, et repasser tout à coup la Wilia, devant les troupes moins nombreuses que commande le duc de Reggio, sans détruire le pont qu'il laisse à l'ennemi qui doit le suivre.

D'un autre côté, Bagration se retire également devant le jeune roi de Westphalie; il lui échappe d'abord, et bientôt passe le Dniéper, n'engageant qu'une faible partie de ses troupes, tandis qu'il pouvait écraser par le nombre le corps du maréchal Davoust, qui entreprit inutilement d'empêcher le passage du fleuve auprès de Mohilew. — A Witebsk, le général russe Barclay de Tolli parut, pendant quelques jours, vouloir disputer pied à pied les approches de cette place à l'armée française.

Le 27 juillet, sur le soir, il y avait réuni toutes ses forces, qu'il déploya sur un grand plateau qui domine la ville, ainsi que les routes par lesquelles on y arrive. L'armée ennemie distinguait les lignes des Russes et leur nombreuse cavalerie rangée en bataille à l'extrémité de la plaine; elle s'attendait à une grande bataille pour le lendemain. — Les troupes bivouaquèrent sur le terrein même où elles avaient pris position. Le 28, à la pointe du jour, les Français reconnurent, non sans une extrême surprise, que l'armée russe avait disparue laissant la ville de Witebsk à découvert. — Il est à observer que, outre les avantages de la position, il était facile au général Barclay, qui commandait en chef les deux armées russes, d'augmenter ses forces, et, en quarante-huit heures, d'appeler à lui 50,000 hommes de plus.

Cette marche constamment rétrograde des Russes commençait à devenir également suspecte à la grande armée; quelques jeunes militaires l'attribuaient à l'effroi qu'ils inspiraient à l'ennemi; les anciens officiers, plus expérimentés, la considéraient comme l'effet d'un plan combiné pour attirer les Français loin de leur base d'opérations, dans des pays pauvres où la disette et la rigueur du climat pouvaient bientôt donner de puissants auxiliaires à l'armée moskovite.

Quelles que fussent à cet égard les idées de l'empereur Napoléon, il n'en suivit pas moins l'ennemi; il mit des troupes à sa poursuite dans toutes les directions, et, pour ainsi dire, sans coup férir; elles parcoururent la distance de Witebsk à Smolensk comme elles auraient traversé

une province saxonne ou wurtembergeoise, sur une étendue de plus de vingt-cinq lieues.

La vue des étendards polonais, arborés sur les murs des édifices de Wilna, excita l'enthousiasme de tous les habitants, auxquels elle rappelait des souvenirs glorieux pour la patrie. Les mêmes guerriers qui venaient d'illustrer le nom polonais en Egypte, en Espagne, en Italie, et dans toutes les parties de l'Europe où ils avaient été appelés à partager la gloire des armées françaises, étaient l'objet d'une sorte d'ovation passionnée qui se manifestait par des acclamations continuelles : le peuple se portait en foule sur leurs pas; tous voulaient jouir de leur vue; tous étaient animés du désir de marcher sous les mêmes drapeaux. — L'empereur favorisait cet élan en fournissant des armes aux uns, des équipements, des uniformes aux autres; le prestige attaché à sa personne, et son activité, en rendaient, pour ainsi dire, l'effet incessant et général. Il ébauchait des plans d'institutions nouvelles, nommait des commissions pour les achever et les mettre en pratique, traçait des édifices, des monuments, faisait construire des ponts, élever des ouvrages de défense, passait des revues. — Néanmoins, cette puissante influence se faisait peu remarquer à une portée plus étendue que celle où s'arrêtaient les dépendances de la ville capitale de la Lithuanie; il donna malheureusement à ceux qui l'approchaient de plus près lieu de soupçonner qu'il ambitionnait pour lui-même la couronne de Pologne. Dès-lors le prosélytisme fut stationnaire; cette idée opéra un désenchantement subit chez les patriotes encore indécis; l'impulsion des hommes d'action les plus dévoués devint presque stérile jusqu'au moment où de nouveaux triomphes vinrent raviver les premières sympathies en faveur du futur libérateur, et surtout l'espérance de voir enfin surgir la patrie des anciens décombres et des nouveaux ravages auxquels la livraient les nombreuses armées qui foulaient son territoire.

Cependant, l'armée polonaise, qui était de 40,000 hommes, fut augmentée d'un cinquième. — Tous les anciens corps furent complétés; mais ceux qui présidèrent à ces opérations ne prirent pas en assez grande considération les habitudes, le goût et le caractère du peuple polonais. Ces nouvelles levées, équipées et montées à l'instar des Cosaques, et plus braves que ceux-ci, auraient immédiatement rendu de grands services à l'armée française, tandis qu'elle en avait fort peu à attendre de quelques nouveaux corps d'infanterie inhabiles encore aux manœuvres qui font la force de cette arme.

Le général en chef russe parvint, le 15 août, à réunir la majeure partie de son armée autour de Smolensk, où celle du prince Bagration l'avait rejoint; il occupait également la rive droite du Boristhène, et communiquait, par un large pont, avec la ville.

Le tzar Alexandre, en quittant l'armée, avait recommandé de livrer bataille, s'il le fallait, pour conserver Smolensk; le général Doctorof l'occupa avec 30,000 hommes. Depuis le 16, l'armée française attaquait sur tous les points vulnérables, et serrait de près cette ville; l'artillerie tonnait sans interruption. Le 17, Barclay de Tolli, craignant un assaut, renforça la garnison de deux divisions : le combat dura jusqu'à la fin du jour. Tandis que l'armée française manœuvrait pour tourner celle des Russes, tout à coup, à sa grande suprise, elle vit, pendant la nuit, un océan de flammes s'élever du milieu de la ville que les Russes abandonnent bientôt.

Le 18 août, à deux heures du matin, les grenadiers français, qui se disposaient à monter à l'assaut, ne rencontrant

aucune résistance, pénètrent dans Smolensk, encore en feu et déjà veuve de sa population. L'arrière-garde russe entreprend d'arrêter l'impétuosité du maréchal Ney; encouragée par les vieilles traditions et la confiance que lui inspire l'inexpugnable position décorée du nom de champ sacré, elle n'y trouve qu'une défaite; elle y eût succombé tout entière, et cent pièces de canon eussent encore été ajoutées aux trophées de Valoutina, si le duc d'Abrantès, commandant le 8e corps, eût exécuté les ordres qui lui avaient été donnés pour couper la route de Moskou. Au demeurant, le général Barclay de Tolli, malgré les ordres de son maître et la forte position de Smolensk, abandonne encore cette place pour suivre son système d'attraction.

Jusqu'à cette époque, on avait pu croire, en Pologne et dans l'armée française, que Napoléon, ne voulant que rétablir le royaume de Pologne, bornerait ses conquêtes aux deux villes de Witebsk et de Smolensk, qui, par leur position, ferment le passage resserré entre la Drwina et le Boristhène. Chacun considérait ces deux villes comme devant servir de ligne aux approches de l'hiver; mais l'empereur Napoléon, enivré par ses victoires, et bien qu'il se trouvât jeté à six cents lieues de la France, donna à son armée, déjà fatiguée et mal pourvue, l'ordre de se porter sur la route de Moskou. Les patriotes polonais apprirent avec découragement cette aventureuse résolution.....

Toutes les dispositions avaient été faites au grand quartier-général français pour établir les quartiers d'hiver sur la ligne du Boristhène, lorsque la nouvelle du brillant combat de Valoutina parvint à l'empereur Napoléon; il s'empressa d'aller, le lendemain de l'affaire, porter aux braves commandés par le maréchal Ney, les récompenses que méritait leur rare intrépidité.

Les généraux et les anciens militaires pensèrent alors que leur chef bornerait, pour cette campagne, son ambition à prendre Riga, à s'établir à Witebsk et à Smolensk, en y faisant quelques ouvrages de défense, à couvrir et surtout à organiser la Pologne qu'il avait conquise en grande partie; on ne doutait pas qu'ayant ainsi la faculté de faire reposer son armée, de remettre au complet tous les corps qui en faisaient partie, et pouvant, au printemps suivant, attaquer les Russes avec des forces non moins formidables que celles avec lesquelles il venait de passer l'Oder trois mois auparavant, il ne tînt ses alliés en respect et ne contraignît les Russes à se soumettre à ses conditions, ou à courir le risque presque certain de voir détruire Saint-Pétersbourg et Moskou.

Il n'en fut pas ainsi à la vue de la position inexpugnable où le seul corps commandé par le maréchal Ney avait chassé une armée entière; les sages dispositions faites à Smolensk par le major-général, prince de Wagram, furent oubliées. « Une armée qui fait des prodiges aussi étonnants, s'écria Napoléon, doit faire la conquête du monde entier! » Et sans tenir compte de la rigueur du climat, ni de la saison avancée, l'empereur Napoléon donne, le 26 août, le signal d'une campagne d'hiver en Russie, à six cents lieues de France, n'ayant plus que des chevaux ruinés, sans vivres ni hôpitaux ni magasins, et en présence d'un ennemi qui ne manquait pas de créer le désert autour des Français. Il refoulait derrière lui les populations, qui emportaient avec elles tout ce qu'elles possédaient de vivres, et Napoléon ne pouvait d'ailleurs ignorer qu'il laissait sur ses derrières une armée russe cantonnée en Moldavie, et prête à marcher contre lui dès que le traité de paix déjà conclu avec la Turquie aurait été ratifié.

Cette armée ayant cessé les hostilités contre la Porte-

Ottomane, était commandée par l'amiral Tschitschagoff : elle détachait sans cesse des corps de troupes pour renforcer l'armée de Wolhynie opposée au corps du prince de Schwartzenberg.

Napoléon, abusé sans doute par une trompeuse alliance, espérait que le corps d'auxiliaires Autrichiens, obéissant à ses ordres, repousserait ceux de Tormassoff, de Saken et de Hertel, à la hauteur où avait été rejeté celui de Barclay et de Tolly, et qu'ainsi ses alliés, en ravageant l'Ukraine, pénétreraient dans les gouvernements de Kijou et de Kalouga, et se réuniraient à l'armée du centre au moment où elle entrerait à Moskou; mais le peu de sincérité de ces vieux ennemis de la France (qui songeaient à conserver la Gallicie), plus que les manœuvres continuelles des généraux russes, furent les causes qui firent tournoyer Schwartzenberg sur un même terrein, loin des rives du Boristhène, comme s'il eût redouté de s'approcher de la forteresse de Bobruysk, dont il pouvait s'emparer facilement et se faire un point d'appui. Les Moskovites défendirent faiblement la petite ville de Dorogobouge, où ils pouvaient intercepter les deux routes de Moskou. Le quartier-général français y fit séjour, et se dirigea ensuite sur Viazma, qui offrait encore aux Russes les mêmes moyens de résistance dont ils ne surent ou ne voulurent pas profiter. En se retirant, ils mirent le feu à cette ville nouvellement bâtie et en dévastèrent les environs.

On avait appris, à Gjatzk, que le général Koutoussof, vainqueur de l'armée turque, avait quitté son commandement en Moldavie, après avoir fait un traité de paix honorable, et que cet habile maréchal était venu se mettre à la tête des troupes opposées à l'empereur Napoléon. Les Russes le regardaient comme l'espoir de la patrie; si l'on devait s'attendre par ce motif à rencontrer plus de résistance de leur part, on devait aussi présumer que leur armée de Moldavie, devenue disponible, et pouvant agir sur les derrières des armées françaises, ne resterait pas oisive.

Napoléon n'en continua pas moins sa pointe sur Moskou. A trois journées de cette capitale, il trouva l'armée russe près de Mojaisk, retranchée sur une position formidable, entourée de redoutes armées d'une nombreuse artillerie.

Le 7 septembre, l'empereur Napoléon l'attaqua dès le matin ; le combat fut opiniâtre; trois cents mille hommes de part et d'autre étaient aux prises; plus de trois cents pièces de canons vomissaient la mort sur les deux armées; la terre tremblait au bruit de ces tonnerres qui retentissaient à dix lieues à la ronde : la valeur française triompha encore une fois de la bravoure des Russes et de tous les avantages que ces derniers avaient su réunir autour d'eux, par le choix de leur position, et des ouvrages qu'ils y avaient élevés. Les Français gagnèrent la célèbre et bien chère bataille de la Moskova, à trois journées de marche de l'ancienne capitale des Moskovites.

Les Polonais, commandés par le prince Poniatowski, eurent une part notable à cette victoire, en tournant et resserrant la gauche de l'ennemi où commandait le général Bagration; ils eurent besoin de déployer toute leur intrépidité pour refouler les Russes, les empêcher de se développer, et de s'étendre en dehors de leur position. Ils furent bientôt secondés par le corps d'armée du maréchal Ney : sa coopération au succès de la journée valut à cet intrépide guerrier le titre de prince de la Moskova.

Les Polonais espéraient, après le gain de cette bataille, que, pour sauver Moskou et toutes les richesses entassées dans cette capitale, les Russes proposeraient un armistice, parleraient de paix, et que le rétablissement de la Pologne

en serait la première conséquence; il en fut tout autrement. L'empereur Napoléon, au lieu de faire poursuivre les Russes, qui se retiraient à la hâte sur Moskou, par la garde impériale qui n'avait pris aucune part à la bataille, en chargea cette même armée qui combattait depuis trois jours et se trouvait harassée de fatigues et de besoins; les Français se virent ainsi frustrés d'immenses trophées: c'en était fait de l'armée russe si Napoléon eût voulu profiter alors de ses avantages.

Les Moskovites ne firent que traverser leur ancienne capitale et l'abandonnèrent sans coup férir aux Français. Au mouvement et à l'agitation qui règnent d'ordinaire dans une ville vaste et populeuse, avait succédé le silence et la solitude; les maisons fermées, les rues désertes, la fuite d'une population de trois cent mille habitants, annonçaient la terreur ou l'éloignement qu'inspiraient les vainqueurs.

Mais, chose étonnante, les troupes qui avaient combattu, assuré le gain de la bataille qui ouvrit les portes de Moskou, ne purent que traverser cette ville.

L'ordre de l'empereur Napoléon les envoya en cantonnement dans les environs, où l'ennemi, suivant sa coutume, avait tout dévasté, et la garde impériale, toujours favorisée, fut établie dans les palais, et placée au milieu de l'abondance, sans aucun égard pour les justes mécontentements que cette partialité devait exciter dans l'armée. On divisa la ville entière et ses faubourgs par quartiers, auxquels on donna des commandants particuliers; ces officiers s'y établirent avec les corps de la garde impériale qui étaient sous leurs ordres; la surveillance qu'ils devaient exercer fut encore subdivisée, et malgré les précautions prises par l'empereur, et le zèle de ceux qui devaient répondre de la sûreté d'une ville veuve de sa population, elle devint tout à coup la proie des flammes.

Le général Rostoptschine, gouverneur de Moskou, envoie une poignée de misérables échappés des prisons, et quelques paysans portant des artifices et des matières inflammables préparées par ses soins, et cette Moskou, dont la conquête coûta si cher aux Français, est réduite en cendres avec toutes les richesses qu'elle renferme.

L'empereur Napoléon, maître de Moskou, dans laquelle il est établi au milieu de sa redoutable garde impériale, voit détruire dans sa main cette grande cité par un ennemi absent, qui lui porte le coup le plus terrible et le plus décisif, en anéantissant ainsi les dernières ressources qui puissent servir à alimenter son armée. Ce fut le troisième jour de l'occupation qu'eut lieu cette terrible catastrophe qui devait éloigner toute espérance de paix, et décider la retraite immédiate de l'armée française. Elle eût pu, dans ce cas, revenir en Pologne avant la saison des frimas, et y prendre ses quartiers d'hiver; il n'en fut pas ainsi. L'empereur Napoléon, parce qu'il avait besoin de la paix, la voulait et y croyait; et pendant un mois encore il fit rester le général Lauriston au quartier-général du plus fin politique de l'Europe, de ce prince Koutoussoff, qui, par d'adroites négociations, sut prolonger les espérances de l'ambassadeur et de son maître; tandis que les derniers jours d'un bel automne s'écoulaient pour eux dans les illusions, et que le froid, l'auxiliaire le plus puissant de l'armée russe, et les réserves qui accouraient de toutes parts, s'avançaient pour détruire une armée dénuée de tout, et jetée à sept cents lieues de sa base d'opérations, sous un climat meurtrier pour elle.

On ne manqua pas, dans cet intervalle, de répéter au prince Poniatowski, afin qu'il le redît aux Polonais, que les instructions données au négociateur français leur étaient favorables; plus acclimatés que le reste de l'armée, on avait besoin d'eux, et on les berçait d'un vain espoir. La nature se montra généreuse pour les troupes françaises, en leur accordant une prolongation d'automne qui se maintint pendant trente jours; ce temps eût largement suffi pour les reconduire sur les rives du Niémen, et même jusqu'à la Vistule, si Napoléon eut voulu écouter les représentations que renouvelaient chaque jour le major-général et les maréchaux commandant en chef les différents corps d'armée, pour le décider à une prudente retraite, tandis qu'il en était temps et que la saison se montrait favorable; mais la paix était son idée fixe, tandis que la résolution contraire présidait aux conseils de l'empereur Alexandre, et en dirigeait toutes les dispositions.

Le 18 octobre, l'ennemi attaqua à l'improviste la cavalerie du roi de Naples, auprès de Taroutino, et prit un parc de vingt-six pièces d'artillerie. Ce général, surpris d'abord, monte à cheval, rallie ses troupes, se porte au milieu de l'action et reprend bientôt ses canons, mais, accablé par le nombre, il est forcé d'abandonner sa position, et de faire sa retraite sur Moskou, après avoir perdu deux mille hommes; les Russes n'y furent pas moins maltraités : leur général Beningson y reçut des blessures graves, le général Bagawout y trouva la mort.

L'empereur Napoléon était au Kremlin occupé à passer des troupes en revue, lorsque cette fâcheuse nouvelle lui fut portée; il s'écrie que c'est une trahison, que le roi de Naples a été attaqué au mépris de toutes les lois de la guerre; sur le champ la parade fut dissoute, et l'ordre du départ donné. Tous les corps devaient quitter Moskou le soir même, et se porter sur la route de Kalouga.

Long-temps avant le 18 octobre, le général Koutoussoff, prévoyant qu'en cas de retraite Napoléon chercherait une route qui offrît quelques ressources à son armée, et tenterait probablement de passer en Ukraine, avait fait porter des troupes dans une position rapprochée de la route de Kalouga.

Le 22, les Polonais, conduits par le prince Poniatowski, marchèrent sur Vereja, pour en déloger l'attaman Platoff, qui s'y trouvait avec ses cosaques : ils y réussirent; le même jour, le maréchal duc de Trévise, resté dans le Kremlin à la tête de la jeune garde impériale, fit sauter cette ancienne forteresse par l'explosion de la mine, et suivit l'armée dont il fut d'abord l'arrière-garde. Cependant, l'ennemi, informé de la marche de l'armée française, abandonne son camp retranché de Lataschova, pour barrer le chemin aux Français, et se porte sur la petite ville de Malo-Yaroslavetz; près de laquelle il commença ses attaques. Le 24 au point du jour, on se battit avec acharnement des deux côtés.

La victoire couronna encore cette fois la valeur française, le vice-roi se couvrit de gloire à Malo-Yaroslavetz; mais ce succès brillant coûta trop cher à une armée qui était hors de portée de réparer la perte qu'elle avait faite en la disputant, tandis que les Russes, au milieu de leurs ressources, voyaient leur forces s'accroître d'heure en heure; leurs nombreuses colonnes, déployées sur la route de Kalouga, couvraient l'Ukraine, et l'empereur Napoléon se vit forcé de reprendre le chemin de Mojaïsk, qui, depuis trois mois, était foulée et dévastée par ses troupes; elles revirent le champ de bataille de la Moskova encore couvert de morts et de débris de toute espèce; le manque de vivres et de fourrages, et une neige épaisse ajoutèrent aux difficultés de leur marche en entrant à Dorogobouge; le maréchal Ney fut chargé de la couvrir avec les restes de son corps d'armée, et fit son retour à Smolensk, à travers les attaques réitérées des Russes et sous le feu de leur artillerie. Napoléon ayant trouvé des approvisionnements dans

Smolensk, les fit distribuer à son armée, et après quarante-huit heures d'un séjour indispensable, pressé par les Russes qui essayèrent de lui couper la retraite auprès de Krasno, il fut poussé par trois armées sur la Bérézina, où l'attendait l'armée moskovite de Moldavie.

Le maréchal Ney, qui fermait la marche, fut arrêté auprès de Krasno par un corps russe quatre fois plus nombreux que l'arrière-garde qu'il commandait. Après une attaque pleine de vigueur, apercevant les colonnes russes que lui avaient cachées les plis du terrein, il revint dans sa position, et refusa de déférer à la sommation que lui fit l'ennemi de capituler; il lui échappa pendant la nuit, passa le Boristhène, battit en plusieurs rencontres les corps de Platoff, et, après trois jours de combats continuels, il rejoignit l'empereur, et arriva à Orsza, au grand étonnement de l'armée française; l'ennemi surtout ne pouvait y croire.

L'empereur Napoléon arriva sur la rive de la Bérézina au moment d'un dégel; il trouva le fleuve couvert de glaçons, qui, au lieu de servir au passage, en augmentaient les difficultés; il parvint néanmoins à tromper la surveillance de l'ennemi en jetant à la hâte un pont là où il n'était pas attendu, et parvint à l'autre bord; ces généreux guerriers, exténués de froid, de besoins et de fatigue, firent un dernier effort de courage, et culbutèrent les corps venus de Moldavie, qui voulurent leur disputer la route du retour.

Dès-lors les débris de l'armée française, décimés chaque jour par le froid et la faim, atteignirent Smorgonie; ce fut là que l'empereur Napoléon en laissa le commandement, partie au roi de Naples, partie au vice-roi, pour se rendre en France, et y lever de nouvelles armées.

La Pologne, retombée sous le joug de ses oppresseurs, fut dès-lors livrée à leur vengeance implacable, particulièrement dans les anciennes provinces. Ce traitement rigoureux, ces suspicions, ces recherches continuelles, contre tous ceux qui étaient accusés ou simplement soupçonnés de sympathie pour les Français, déterminèrent, même dans le duché de Varsovie, tous ceux qui étaient en état de porter les armes, à se joindre à l'armée française.

Toutes les troupes disponibles dans l'intérieur de la France furent précipitamment envoyées à la frontière du Rhin, et renforcées bientôt par les nouvelles levées qui était devenues difficiles. Napoléon reparut sur les rives de l'Oder et de l'Elbe, où il possédait encore plusieurs places fortes; alors commença la campagne de 1813.

Les victoires de Lutzen et de Bautzen, remportées par de jeunes troupes, étaient d'un heureux augure. Ces succès et celui qu'obtint Napoléon devant Dresde, lui rendirent une partie de la confiance de l'armée; il s'exagéra sa force et sa puissance, et refusa une paix avantageuse pour l'état présent de sa fortune. Le désastre de Leipsik, où périt le prince Poniatowski, avec un grand nombre de ces braves Polonais qu'on retrouvait partout où étaient les plus grands périls, fit cesser ses illusions et le rejetèrent sur le Rhin.

La défection s'étant mise parmi ses alliés, il fallut les combattre près de Hanau, pour ouvrir le passage et se rapprocher des frontières de France; là, les Polonais se signalèrent de nouveau et rivalisèrent de bravoure et d'intrépidité avec les Français contre les Bavarois.

Les Russes décidèrent l'Autriche à se joindre à eux contre l'empereur Napoléon; les Prussiens firent cause commune avec eux, et d'alliés qu'ils étaient au commencement de la campagne de 1812, ils se montrèrent les ennemis les plus acharnés des Français ; l'influence qu'exerçaient au centre de l'Europe ces trois grandes puissances détermina la défection des Wurtembergeois, des Saxons, des Bavarois, en un mot, de tous les différents peuples d'Allemagne.

Les Suédois, qu'on nomme les Français du Nord, s'étaient joints aux ennemis de l'empereur Napoléon, ayant à leur tête un Français, un maréchal de France qu'ils avaient mis sur le trône de Suède, l'ancien maréchal de France Bernadotte, que l'empereur Napoléon avait fait prince de Ponte-Corvo, fit avec Moreau le plan de la campagne si fatale à la puissance de Napoléon; bientôt les armées des coalisés s'approchèrent du Rhin et pénétrèrent en France. Alors commença la troisième campagne. Dresde, Magdebourg et Hambourg eurent le sort de Dantzick, et retombèrent au pouvoir de la coalition. Le royaume de Westphalie fut envahi. Les débris des armées françaises qui combattaient en Espagne depuis trois ans abandonnèrent cette terre désolée, et vinrent prendre part à la campagne de France, dans laquelle, après des succès variés et des prodiges de valeur, succomba enfin l'empereur Napoléon.

Le tzar Alexandre avait pu juger, pendant cette guerre d'extermination, de ce que valaient les Polonais; il les avait rencontrés sur tous les champs de bataille; leur intrépidité, leur discipline, eussent été un glorieux exemple, un puissant stimulant au milieu des troupes moins braves que celles dont se composaient les armées françaises. Alexandre apprécia sans doute tout ce que cette nation belliqueuse pouvait ajouter à la force de ses armées et à sa puissance. Le congrès de Vienne étant assemblé en 1814 et 1815, il y fut décidé qu'un royaume de Pologne serait rétabli; qu'il aurait une constitution libérale monarchique; et le sceptre de Pologne fut en même temps placé entre les mains d'Alexandre.

TABLE DES MATIÈRES.

FIN DE LA TABLE.

www.ingramcontent.com/pod-product-compliance
Ingram Content Group UK Ltd.
Pitfield, Milton Keynes, MK11 3LW, UK
UKHW020253250726
13967UKWH00004B/1655

9 782013 056175